Kurt Palm / SUPPE TAUBE SPARGEL SEHR SEHR GUT

Kurt Palm

Suppe Taube Spargel sehr sehr gut

Essen und trinken mit Adalbert Stifter

Ein literarisches Kochbuch

Löcker Verlag

Gestaltung, Satz und Betreuung: Martina Heilingsetzer
Druck und Bindung: Druckerei Plöchl, Freistadt
Printed in Austria
ISBN 3-85409-313-6

Inhalt

Mit Stifter durch Amerika

Bis vor einigen Jahren wäre ich freiwillig nicht bereit gewesen, ein Buch von Adalbert Stifter zu lesen. Das Bild, das ich bis zu diesem Zeitpunkt von Stifter hatte, war das eines langweiligen, spießigen, biedermeierlichen Blumen- und Käferpoeten, dessen Bücher einen allein schon aufgrund ihrer Titel zum Gähnen brachten: »Feldblumen«, »Der Hochwald«, »Der Hagestolz«, »Der Waldsteig«, »Der beschriebene Tännling«, »Der Waldgänger«, »Der arme Wohltäter«, »Der Waldbrunnen«, »Der Nachsommer« – all diese Werke schienen von Dingen zu handeln, die jenseits meines literarischen Horizonts lagen. (Nebenbei: Die Stifter-»Pflege« in der Schule hat meine späteren Vorbehalte gegen diesen Schriftsteller nur verstärkt.)
Meine Einstellung zu Stifter änderte sich allerdings schlagartig, als ich Ende der achtziger Jahre durch Zufall den »Nachsommer« las, oder, besser gesagt, lesen mußte. Der Grund für diese unfreiwillige Lektüre war simpel: Für eine achttägige Autobusdurchquerung der USA von New York nach Los Angeles wollte ich mir ein möglichst dickes Buch zum Lesen mitnehmen, aber anstatt Laurence Sternes »Tristram Shandy« einzupacken, der im Bücherregal neben dem »Nachsommer« stand und ebensodick war, steckte ich irrtümlicherweise Stifters Buch in meine Reisetasche. Den Irrtum bemerkte ich freilich erst in der Nähe von Washington, als es bereits zu spät war.
Natürlich hätte ich mir jetzt bei irgendeiner Raststätte auf dem Highway ein x-beliebiges englischsprachiges Buch kaufen können – einmal glaubte ich sogar, »Indian Summer« by Adalbert Stifter in einem indianischen Souvenirladen entdeckt zu haben – aber da ich ein Verfechter des

Recyclingprinzips bin und das Buch nicht umsonst mitgeschleppt haben wollte, begann ich einfach im »Nachsommer« zu blättern.

Die Situation, in der ich mich nun befand, war merkwürdig: Auf der einen Seite bewegte ich mich durch ein Land, das den Kult der Beschleunigung in jedem Lebensbereich zum Maß aller Dinge erhoben hatte, auf der anderen Seite las ich ein Buch, das sich auf geradezu schmerzhafte Weise jeder Bewegung entzog. Hier also Tempo, Oberflächlichkeit und Lärm in einer »kultivierten« Landschaft, dort Langsamkeit, Kontemplation und Stille in einer »idealen« Landschaft. War es dieser Gegensatz, der mich das Buch mit immer größer werdendem Interesse zu Ende lesen ließ? Ich weiß es nicht, und es ist auch weiter nicht maßgeblich. Tatsache ist, daß ich mich nach meiner Rückkehr aus den USA mehr und mehr für Stifter zu interessieren begann, ohne daß ich deshalb zu einem Stifter-Apologeten geworden wäre.

Was mich an Stifters Prosa fasziniert, ist diese, im wahrsten Sinne des Wortes, unheimliche Spannung, bei der man nie weiß, wann, ob und wie sie sich lösen wird. In Stifters Werk ist das Idyll nur vordergründig. Wenn er etwa in der 1840 erschienenen Erzählung »Das Heidedorf« schreibt: »Die Wiese, die Blumen, das Feld und seine Ähren, der Wald und seine unschuldigen Tierchen sind die ersten und natürlichsten Gespielen und Erzieher des Kinderherzens«, dann sollte man sich im klaren darüber sein, daß sich dieser Mikrokosmos auf einer Erde befindet, die »ein ganz schwarzer Abgrund« ist, »ohne Maß und Grenze in die Tiefe gehend«, wie es in der im gleichen Jahr publizierten Erzählung »Der Kondor« heißt. Und die Sonne sendet bei Stifter nicht nur, wie im »Heidedorf« beschrieben, »majestätische Ströme des Lichtes« auf die Erde, sondern ist zugleich »ein drohendes Gestirn ohne Wärme, ohne Strahlen, eine scharfgeschnittene Scheibe aus wallendem, blähendem, weißgeschmolzenem Metalle«, das »mit vernichtendem Glanze aus dem Schlund« glotzt (»Der Kondor«). Diese Ambivalenz, die Stifter an und in der Natur beobachtete, diese »Schönheit (...), die uns entzückt und schaudern macht, die uns beseligt und vernichtet«, wie er am Ende seines Lebens in den »Winterbriefen aus Kirchschlag« schreibt, diese Zerrissenheit, die unweigerlich ins Chaos führt, erlebte Stifter auf schmerzlichste Weise auch an sich selbst. Unter dieser Prämisse konnte natürlich ein Lebensplan, der das »sanfte Gesetz« zum obersten Prinzip erhoben hatte und jede »Leidenschaft«, jede »Bewegung des Gemütes« zu unterdrücken versuchte, nur in der Katastrophe enden. Schon als 27jähriger mußte Stifter die für ihn schockierende Entdeckung machen, daß er ein »Vulkan« sei, von dem er nicht wisse, wann er einmal »ausbrennen« werde. Mit dem Bild des Vulkans, der in seinem Falle nie ausbrechen konnte, sondern im Inneren verglühen mußte, hat Stifter sehr anschaulich das Wesen seiner Lebenstragödie auf den Punkt gebracht.

Adalbert Stifter, 1846

»Der Hunger aber ist so entsezlich ...«

Nicht nur der Mensch Stifter wurde durch »dieses Kämpfen und Ringen«, wie er in einem Brief an seine unerreichbare Geliebte Fanni Greipl seinen Seelenzustand einmal beschrieb, zerrissen. Auch zwischen dem Menschen Stifter und seinem literarischen Werk klaffte ein tiefer Riß. Während wir etwa durch Stifters Briefe und autobiographischen Aufzeichnungen genauestens über seine körperlichen und psychischen Krankheiten informiert sind, begegnen wir in seinen Büchern Menschen, die beinahe körperlos erscheinen.

Auf der einen Seite haben wir es bei Stifter mit einem Menschen zu tun, der spätestens ab 1850 exzessive Eß- und Trinkgewohnheiten entwickelte, auf der anderen Seite stoßen wir in seinem literarischen Werk auf Figuren, deren asketischer Lebenswandel wohl nur als eine Art Gegenentwurf zur eigenen Existenz gedeutet werden kann. Der in der Erzählung »Kalkstein« formulierte Grundsatz: »Ich esse, was für den menschlichen Körper gut und zuträglich ist«, konnte angesichts der ungeheuren Mengen an Speisen, die Stifter zu sich nahm, für ihn nur ein unerreichbares Ziel bleiben. Und während sich Stifters Figuren aus innerer Stärke beim Essen zurückhalten und Hunger tapfer ertragen, empfand er selbst den Hunger als »ein reißendes Thier«, wie er am 22. März 1864 an Auguste von Jäger schrieb.

Stifters Figuren essen und trinken grundsätzlich wenig, aber was sie essen und trinken, ist fast immer einfach und gesund. In der Erzählung »Granit« verzehrt der Ich-Erzähler gerade einmal »ein Butterbrot«, oder es wird von einem Jungen berichtet, der »mit der Hand Kartoffeln ausgrub«, die er »in der Glut des Feuers« briet. Daß am Schluß der Erzählung die Großmutter »ein Huhn mit Reis« auf den Tisch stellt, darf bei Stifter fast schon als kleiner kulinarischer Exzeß gewertet werden. Von Stifter aber wissen wir, daß er allein an Geflügel in rauhen Mengen Hühner, Kapaune*, Rebhühner, Tauben, Enten, Haselhühner, Krammetsvögel* und Gänse verspeiste.

Ähnlich asketisch wie in »Granit« geht es in der Erzählung »Der beschriebene Tännling« zu. Das Mädchen Hanna nährt sich da »von der Milch der Ziege, von dem Mehle, das ihr der Schwarzmüller, oder andere gaben, und von manchem Haupte Kohl, oder Gemüse.« Wenn in dem Buch einmal »Braten und anderes Speisengemische« serviert wird, dann nur, weil nach langer Zeit wieder einmal eine adelige Gesellschaft zum Jagen ins Dorf gekommen ist und aus diesem Anlaß ausgiebig gefeiert wird. Aus Stifters Briefen aber geht hervor, daß er, ohne einen »feierlichen« Anlaß zu benötigen, Rinderbraten, Rostbraten, Nierenbraten, Kalbsbraten, Rehbraten, Hasenbraten und Lammbraten verspeiste, wobei diese Gerichte oft nur als Zwischengänge serviert wurden.

In »Kalkstein« wird davon berichtet, daß der Pfarrer im Kar »zum Frühmahle und am Abende nur ein Stück schwarzen Brotes« esse und sein Mittagessen »häufig aus warmer Milch oder einer Suppe« bestehe. Der einzige Luxus, den sich der Ich-Erzähler, ein Geometer, gönnt, ist ab und zu ein Glas Wein, das er zum Essen trinkt. Stifter dagegen gibt am 12. Oktober 1857 in einem Brief an seinen Verleger Gustav Heckenast seinen eigenen Jahresbedarf an Wein mit etwa 600 Liter an. Und wenn man bedenkt, daß Stifters Bierverbrauch auch nicht unerheblich war, so muß man

*Mit * gekennzeichnete Begriffe werden im Glossar erläutert.

davon ausgehen, daß er in einer bestimmten Phase seines Lebens alkoholkrank war.
In den »Nachkommenschaften« bekommt der Maler Friedrich Roderer zum Frühstück »warme Milch (...) mit dem weißen Brote«, und mit einem Stück trockenem Brot in der Tasche macht er sich auch auf den Weg zu seinen täglichen Malausflügen. Aus Stifters präzisen Aufzeichnungen über die Gestaltung seiner Tagesabläufe wissen wir hingegen, daß er im Durchschnitt sechsmal pro Tag aß, und zwar Frühstück, Gabelfrühstück, Mittagessen, Kaffee, Jause und Abendessen. Dabei kamen sowohl zu Mittag als auch am Abend meistens drei Gänge auf den Tisch. Selbst als Stifter aufgrund seiner Krankheit einmal eine Diät halten mußte, die für ihn nur »eine strenge, grausame Kost« war, wollte er auf seine sechs Mahlzeiten nicht verzichten. An seinen Freund Joseph Axmann schrieb er am 5. März 1865: »Der Hunger aber ist so entsezlich, daß ich sechsmal mehr möchte als die sechsmal.«
Auch im »Nachsommer«, der ja wahrlich ein Meisterwerk an Detailbeobachtung ist, erfahren wir eigentlich kaum, was die Damen und Herren, denen wir im Hause des Ich-Erzählers und auf dem Hof des Freiherrn von Risach begegnen, nun tatsächlich essen und trinken. Zwar wird einmal eine »feierliche Mahlzeit« erwähnt, dann wird wieder über »ein Frühmahl« berichtet, und ein andermal heißt es: »Das Mittagessen wurde an dem äußerst schönen Grün des Hügels unmittelbar vor dem Hause unter einem Dache von Linnen eingenommen«, aber was gegessen oder getrunken wurde, wird dem Leser nicht mitgeteilt. Wenn eine Magd »ein gebratenes Huhn und schönen rotgesprenkelten Kopfsalat« oder »Suppe, Braten und Wein« serviert, so haben Informationen dieser Art in dem 800 Seiten umfassenden Roman absoluten Seltenheitswert. Stifter selbst war

da wesentlich auskunftsfreudiger. So erfahren wir aus den Briefen an seine Frau Amalia genau, welche Lebensmittel er sich beispielsweise zwischen 1865 und 1867 von Linz nach Kirchschlag zur Kur schicken ließ, nämlich: Hasenrücken, Rehrücken, Hühner, Kapaune, Rebhühner, Tauben, Krammetsvögel, Haselhühner, Zunge, Schinken, Nierenbraten, Fleischextrakt, Gugelhupf*, Buchteln*, Karfiol*, Kohlrüben, grüne Erbsen, Brausepulver, Zucker, Weißbrot, Zwieback, Striezel*, Kukuruz*, Ingwer, Äpfel, Wein und Bier.
Stifter verwendet also seine literarischen Figuren, auch wenn es um Essen und Trinken geht, als Projektionsflächen und läßt sie dabei ein beschauliches Leben ohne »Übermaß von Wünschen und Begehrungen« führen, ein Leben, in dem »eine Regelmäßigkeit und Ordnung herrscht«, wie es im »Nachsommer« einmal heißt. Stifter selbst hat es nicht geschafft, diesen Lebensentwurf in die Praxis umzusetzen. In seinem Fall hat die »tigerartige Anlage«, vor der er soviel Angst hatte, weil er wußte, daß sie jederzeit geweckt werden konnte, letztendlich über die »himmlische Anlage« gesiegt. Insofern stellt es ein Paradoxon der besonderen Art dar, daß ausgerechnet Stifter mit seiner »Neigung zum Exzessiven, Elementar-Katastrophalen, Pathologischen«, wie Thomas Mann 1949 schrieb, von ganzen Generationen von Literaturwissenschaftlern zu einem Schriftsteller der Harmonie und des Ausgleichs degradiert wurde. Dabei galt in Wirklichkeit für Stifters Leben, was auch für den Ich-Erzähler in »Kalkstein« gilt: »Wildnisse Schlünde Abgründe Felsen und stürzende Wässer (...) – das alles zieht mich eigentlich an.«

»Mir ist die Stadt verhasst wie der Tod.«

Im Oktober 1826 übersiedelte Adalbert Stifter von Kremsmünster, wo er seit November 1818 das Gymnasium des Benediktinerstiftes besucht hatte, nach Wien. Auf einem Floß, dem damals billigsten Transportmittel, reiste der 21jährige angehende Student in die Hauptstadt, um sich an der Juridischen Fakultät der Universität zu inskribieren. Stifter brauchte lange, um sich »in dieser ungeheuren Wildnis von Mauern und Dächern, diesem unermeßlichen Gewimmel von Menschen, die sich alle fremd sind und aneinander vorübereilen«, zurechtzufinden. Aber da die Entscheidung für Wien nun einmal gefallen war, galt es, das beste aus der ungewohnten Situation zu machen. Wie in Kremsmünster verdiente sich Stifter seinen Lebensunterhalt zunächst als Nachhilfelehrer, später auch als Erzieher und Vorleser. Obwohl Stifter das Studium nicht allzu eifrig betrieb, schloß er die acht Prüfungen, die er zwischen dem 23. August 1827 und dem 30. März 1830 ablegte, »den academischen Gesetzen gemäß« mit erstklassigem Erfolg ab. Von einem Abschluß des Studiums konnte freilich noch lange keine Rede sein, da ihn die Vorstellung, nach Beendigung des Studiums eine Laufbahn als Beamter einschlagen zu müssen, so sehr beunruhigte, daß er die anstehenden Prüfungen immer wieder verschob.

Während der ersten drei Jahre in Wien mußte Stifter fünfmal die Wohnung wechseln, weil er sich entweder die Miete nicht leisten konnte oder weil es sich um derart desolate Quartiere handelte, daß er dort einfach nicht mehr bleiben wollte. In seinem 1844 erschienenen Aufsatz »Leben und Haushalt dreier Wiener Studenten« schreibt er über diese Erfahrungen, die er mit seinen beiden Studienkollegen

Anton Mugerauer und Franz Xaver Schiffler, mit denen er 1830 in der Schwertgasse Nr. 357 im ersten Bezirk zusammenwohnte, gemacht hatte.
»... und sie beschlossen sogleich, in dieser heitern Stadt eine Wohnung zu suchen. ›Eilf Zimmer mit Vorzimmer, Küche, Boden und Keller‹ – ›Zimmer und Kabinett‹ – ›Vier Zimmer mit der Aussicht auf die Gasse nebst Zugehör auf Georgi* zu verlassen‹ – ›Wohnung mit neun Stuck‹ – ›ein Keller auf hundert Eimer* Wein‹ – ›möbliertes Monatszimmer‹ – drei Herren werden nicht genommen – also weiter – Wohnungen, Magazin, Gewölbe, Keller, möblierte und unmöblierte Monatzimmer – alles genug, rechts und links in der Gasse, nur keine Stube für sie, außer sie hätten recht viel Geld ...«
Stifter schildert hier Erlebnisse aus der Zeit um 1830, als Wien 317.768 Einwohner hatte und es aufgrund des raschen Bevölkerungswachstums zu einer zunehmenden Wohnungsnot kam, die nicht nur eine massive Verteuerung der Mieten zur Folge hatte, sondern auch die Zahl der Untermieter und Bettgeher sprunghaft ansteigen ließ.
Nach den geordneten und überschaubaren Verhältnissen in Oberplan und Kremsmünster wurde Stifter in der Großstadt mit einer Gesellschaft voller Spannungen und Widersprüche konfrontiert. Wenn er 1829 über Wien schreibt, daß ihm die Stadt »verhaßt ist wie der Tod« und daß ihm das Leben hier »beinahe unerträglich« geworden sei, so bezog er sich damit nicht nur auf seine äußeren Lebensumstände, sondern auch auf seinen damaligen Seelenzustand. Es war die Zeit um 1829, als sich sowohl in seinem privaten als auch im beruflichen Bereich eine schwere Existenzkrise abzuzeichnen begann.
Betrachtet man Stifters Lebensweg bis zu diesem Zeitpunkt, so verlief seine Biographie bis dahin weitgehend unauffäl-

lig. Nach seiner Geburt am 23. Oktober 1805 in Oberplan im südlichen Böhmen wuchs der auf den Namen Albert getaufte Knabe bei seinen Eltern auf. Der Vater Johann war Leinweber und betrieb später einen kleinen Flachs- und Getreidehandel, die Mutter Magdalena war die Tochter des Fleischhauers Franz Friepeß aus Oberplan.

Im Sommer 1866, also eineinhalb Jahre vor seinem Tod, erinnert sich Stifter in seinem autobiographischen Fragment »Mein Leben« an die erste Begegnung mit der Mutter: »Immer mehr fühlte ich die Augen, die mich anschauten, die Stimme, die zu mir sprach, und die Arme, die Alles milderten. Ich erinnere mich, daß ich das ›Mam‹ nannte. Diese Arme fühlte ich mich einmal tragen.«

An einer anderen Stelle dieses Textes bündelt Stifter schließlich die ganze Tragödie seines Lebens wie in einem Brennglas:

»Weit zurük in dem leeren Nichts ist etwas wie Wonne und Entzüken, das gewaltig fassend, fast vernichtend in mein Wesen drang, und dem nichts mehr in meinem künftigen Leben glich. Die Merkmale, die fest gehalten wurden, sind: es war Glanz, es war Gewühl, es war unten. Dies muß sehr früh gewesen sein; denn mir ist, als liege eine sehr weite Finsterniß des Nichts um das Ding herum.«

»Das leere Nichts«, die »weite Finsterniß des Nichts«: Am Ende seines Lebens blickte Stifter illusionslos auf eine Existenz zurück, in der das Entsetzliche und das Zugrunderichtende immer die Oberhand behielten über den Glanz und die Wonne.

Die erste »äußere« Tragödie in Stifters Leben, soweit wir das aus der zeitlichen Distanz überhaupt beurteilen können, ereignete sich am 21. November 1817, als sein Vater zwischen Lambach und Wels mit einem Pferdefuhrwerk tödlich verunglückte. In seiner biographischen Skizze über

Stifter berichtet Heinrich Reitzenbeck 1853, daß sich der 12jährige Albert als Reaktion auf den Tod des Vaters »aus Schmerz erhungern« wollte. Einige Jahrzehnte später wird Stifter dann den entgegengesetzten Weg gehen und sich, auch »aus Schmerz«, fast zu Tode fressen.
Ein Jahr nach dem Verlust des Vaters trat Stifter in das Stiftsgymnasium von Kremsmünster ein, das er acht Jahre später mit hervorragenden Zeugnissen und einer soliden Grundausbildung verließ.

»Ein Fremdling wird kommen und mit kalter Hand dein Herz dahinführen ...«

Trotz der im Herbst 1826 erfolgten Übersiedelung nach Wien verbrachte Stifter die Sommerferien der darauffolgenden Jahre in Oberplan und Friedberg, einem kleinen Ort an der Moldau, vier Wegstunden von seinem Geburtsort entfernt. Aus Friedberg stammten die beiden Studienfreunde Mugerauer und Schiffler, die Stifter damals häufig besuchte. Der wahre Grund für die langen Aufenthalte in Friedberg während der Sommermonate 1827 und 1828 war freilich ein anderer. Stifter hatte sich im Hause des angesehenen Leinwandhändlers Mathias Greipl unsterblich in dessen 19jährige Tochter Fanni verliebt. Der 22jährige befand sich nun in einer schwierigen Situation, denn aufgrund der gesellschaftlichen Stellung der Familie Greipl und der geltenden Konventionen war klar, daß er in beruflicher Hinsicht eine Entscheidung treffen mußte, wenn er um die Hand Fannis anhalten wollte. An der Juridischen Fakultät hatte er zwar die eine oder andere Prüfung abgelegt, aber von einem zielgerichteten Studium konnte dennoch keine Rede sein. Stifters Interessen galten damals vielmehr den Naturwissenschaften und der Malerei und weniger dem Rechtsstudium. Ebensowenig kam bis zu diesem Zeitpunkt die Schriftstellerei als möglicher Beruf in Frage, denn als Autor war Stifter in jenen Jahren lediglich im privaten Rahmen als Verfasser von Gedichten für Stammbücher und Albumblätter in Erscheinung getreten.
Stifter verhielt sich in dieser Situation, in der man eine Entscheidung von ihm verlangte, so lange abwartend, ausweichend und unverbindlich, bis sich das »Problem« von selbst löste. Seine Methode der Krisenbewältigung, die er im Falle

Fanni Greipl zum ersten Mal anwendete, mußte zwangsweise in die Katastrophe führen. Stifter reagierte mit Selbstbestrafung, verfiel in Selbstmitleid, zog sich zurück und handelte konsequent nach seinem später formulierten Grundsatz: »Leidenschaft ist verächtlich, Mäßigung ist Kraft.«

Bereits im ersten Brief, den er am 7. November 1828 aus Wien an Fanni schrieb, erging er sich in resignativem Selbstmitleid: »... ich habe dich wirklich recht mit ganzem Gemüthe lieb, und werde dich immer lieben. Ich weiß es ja, es ist nur ein liebliches Phantom, es ist nur ein Kartenhaus, an dem ich mich so sehr ergöze, doch mir ist dieses Phantom dieses Kartenhaus so lieb, und mich wird der Wind sehr betrüben, der es gewiß über kurz oder lang umblasen wird.«

Stifters Selbstprophezeiungen traten dann nach und nach auch tatsächlich ein, und fast hat man den Eindruck, als hätte er alles daran gesetzt, um die leidvolle Situation möglichst lange hinauszuzögern. Auf seinen Brief vom 7. November 1828 dürfte Fanni jedenfalls umgehend geantwortet haben – ihre Briefe sind ja nicht erhalten – denn drei (!) Monate später, am 3. Februar 1829, schrieb ihr Stifter zurück, daß er wegen Arbeitsüberlastung keine Zeit zum Schreiben gehabt hätte, wobei er nach einigen unverbindlichen Floskeln gleich wieder auf das Thema der Vergeblichkeit seiner Liebe zu sprechen kam: »Ich fürchte mich schon auf die Zeit, wo das so schöne bruderliche Band sich allmählig lösen wird, und wo der Jugendzeit, der Zeit unbefangenen freudigen Liebens, als eines schönen Traumes gedacht werden wird, der der gemeinen Wirklichkeit Platz machen mußte. Und so wird man von Tag zu Tag ärmer ...«

Dieses neuerliche Lamentieren und der unterschwellige Vorwurf an Fanni, daß sie zu wenig tue, um mit ihm den

»schönen Traum« weiterzuträumen, veranlaßten sie, ihm einen Brief zu schreiben, der bei ihm ein »sehr großes Mißvergnügen« auslöste. Stifter bemühte sich dann am 15. Mai 1829, Fannis Brief »Zeile für Zeile« durchzugehen, zu beantworten, »und wo es nötig ist«, zu widerlegen, aber seine Unentschlossenheit und sein Zweifel an dem ganzen Unterfangen führten schließlich dazu, daß er sich auch dieses Mal wieder in Hoffnungslosigkeit flüchtete: »Nicht die L i e b e zu dir nenne ich Thorheit, sondern das nenne ich Thorheit, daß ich immer und immer Hoffnungen habe, immer eine schöne Zukunft träume, wo doch die Verhältniße so stehen, daß sie vermuthlich diese so süßen Hoffnungen nie – in Ewigkeit nie in Erfüllung tretten lassen.«
Stifter schwankte zwischen Verlustängsten und Zukunftshoffnung, obwohl er sich, wie aus dem Brief vom 15. Mai 1829 hervorgeht, theoretisch durchaus über die Situation im klaren war: »Deßhalb haben wir beyde nur mehr die Alternative, daß wir uns r e c h t lieben, oder g a n z entfremden müssen, es giebt kein drittes.« Und um das »Zwitterverhältniß zwischen Freundschaft und Liebe« zu beenden, forderte Stifter schließlich von Fanni eine Entscheidung, die er selbst nicht treffen konnte oder wollte.
Auch ein neuerlicher Aufenthalt in Friedberg im Sommer 1829 brachte keine Klärung, und Stifters Angst, daß sich Fanni gegen ihn entscheiden könnte, wurde immer größer. Mit den Worten: »Ein Fremdling wird kommen und mit kalter Hand dein Herz dahinführen« malte er ihr bereits am Tag nach seiner Rückkehr nach Wien am 1. Oktober 1829 in den düstersten Farben aus, was geschehen werde, sollte sie ihn nicht erhören. Und um den Druck auf Fanni zu verstärken, drohte er sogar: »Eher verlasse ich das Leben, als ich dich verlasse.« Sechs weitere Jahre, bis zum August 1835, zog sich Stifters Nichtbeziehung zu Fanni Greipl hin,

die, je länger sie dauerte, immer komplizierter wurde. Stifter und Fanni trafen sich zwar noch des öfteren während der Sommerferien in Friedberg und tauschten auch zahlreiche Briefe aus, aber zu einer endgültigen Klärung ihres Verhältnisses kam es genaugenommen erst nach Fannis Tod im September 1839. Für Fannis Eltern war freilich bereits spätestens seit dem Winter 1832/33 klar, daß eine Eheschließung ihrer Tochter mit dem mittellosen Studenten, Nachhilfelehrer, Vorleser und Maler Adalbert Stifter nicht in Frage kam. Damals, im November 1832, hätte Stifter in den Augen der Familie Greipl die letzte Chance gehabt, einen »ordentlichen« Beruf zu ergreifen, nämlich den eines Professors für Physik an der Universität Prag. Tatsächlich legte Stifter auch die dafür notwendigen schriftlichen Prüfungen ab, »vergaß« dann allerdings, zur entscheidenden mündlichen Prüfung anzutreten. Stifter entschuldigte später sein Verhalten damit, daß er an diesem Tag spazieren gegangen wäre, ohne damit freilich bei Fannis Vater auf Verständnis zu stoßen. Der meinte lediglich: »Er könnte auch einmal vergessen, daß er eine Frau hat.«

In seinen weiteren Briefen an Fanni schwankte Stifter zwischen Liebesbeschwörungen, Drohungen, Erpressungen, Verzweiflung und Gleichgültigkeit. Selbst als er im Fasching 1833 auf einem Hausball seine spätere Frau Amalia Mohaupt kennenlernte, war er immer noch in Fanni Greipl verliebt. Die 22jährige Putzmacherin Amalia Mohaupt, die damals von dieser Beziehung wahrscheinlich gar nichts wußte, handelte jedenfalls in Sachen Liebe wesentlich zielbewußter als ihr Auserwählter und wich nicht mehr von seiner Seite. Sein Freund Anton Mugerauer berichtete später, daß Stifter »damals bereits ein sehr intimes Verhältnis mit Amalia hatte, die wie eine Klette an ihm hing.«

Es ist müßig, heute darüber zu spekulieren, was sich zwischen Stifter und Amalia wirklich abgespielt hat und weshalb er sich letztendlich für sie entschied und nicht weiter um Fanni kämpfte. Das Eheversprechen, das er Amalia im Frühjahr 1835 gab, scheint ihn aber auch nicht wirklich glücklich gemacht zu haben, denn bereits ein paar Monate später plagte ihn wegen Fanni das schlechte Gewissen. Am 20. August 1835 schrieb er schließlich an die ferne Geliebte aus Oberplan einen letzten langen Brief, der in seiner Mischung aus neuerlichem Annäherungsversuch, Entschuldigung, Rechtfertigung, Lüge und Selbstbezichtigung einen tiefen Einblick in Stifters damaligen Seelen-zustand gibt:
»Du bist ein Engel, den ich nie verdiente, du hast von deinen Eltern die unerschöpfliche Herzensgüte geerbet, mein heiliger Engel bist du, so rein und gut – und ich konnte das an dir thun, was ich that! Seit du sagtest, du habest dergleichen nicht von mir erwartet, und ich habe dir erbarmt, seither ist ein Schmerz in mir so heiß und strafend, daß ich nichts als die Sehnsucht habe: könnte ich doch an deinem unschuldigen keuschem Herzen diese Last recht in bittren Thränen ausweinen, obs nicht doch Linderung gäbe. Als sie sagten: du werdest Huber heurathen, fuhr der Geist der Eifersucht in mich, und da wurde der Plan gedacht dich und alle Vergangenheit zu vergessen, und weil der Schmerz doch zu nagen nicht aufhörte, so suchte ich, wie es in derlei Fällen immer zu gehen pflegt, in neuer Verbindung das Glük, das die alte erste versagte, und spiegelte dem verwaiseten Gefühle vor: nun bist du ja geliebt und glüklich – – – – ach und ich war es doch nicht. Es giebt nur eine, eine einzige Liebe, und nach der keine mehr. Gekränkte Eitelkeit war es – zeigen wollt' ich eurem Hause, daß ich doch ein schönes, wohlhabendes und edles Weib zu finden wußte – – – ach und hätte über dem

Experimente bald mein Herz gebrochen! Je weiter zu Vermählung hin ich es mit Amalien kommen ließ, desto unruhiger und unglüklicher ward ich. Dein Bild stand so rein und mild im Hintergrund vergangner Zeit, so schön war die Erinnerung, und so schmerzlich, daß ich, als ich Amalien das Wort künftiger Ehe gab, nach Hause ging, und auf dem Kissen meines Bettes unendlich weinte – um dich.«
Fanni hatte sich aber schon längst von Stifter abgewendet und im darauffolgenden Jahr den Kameralbeamten Josef Fleischanderl geheiratet. Am 16. September 1839 starb sie 31jährig in Wels bei der Geburt ihres Sohnes, der sie auch nur um ein paar Wochen überlebte. Als Stifter vom Tod Fannis erfuhr, soll er, dem Bericht einer Verwandten Fannis zufolge, zu Amalia die denkwürdigen Worte gesagt haben: »Erst jetzt gehöre ich Dir ganz.«

Amalia Mohaupt, 1837

»Meine himmelschönen Ideale der Frauenliebe sind elend hin.«

Ob Stifter glaubte, was er da sagte, wissen wir nicht. Ein Brief, den er bereits drei Jahre zuvor an seinen Freund Sigmund Freiherrn von Handel geschrieben hatte, läßt an dieser Beteuerung starke Zweifel aufkommen. Am 24. Juni 1836, Amalia war von Stifter bereits schwanger, klagte er jedenfalls Handel sein Leid über die unbefriedigende Beziehung zu Amalia: »Meine himmelschönen Ideale der Frauenliebe sind elend hin, das Herz, närrisch und warm, einst pochend in Überlust, und die Herrliche, Schwärmerische, Trunkene, Treue, Seraphreine, Künftige mit der namenlosesten, unsäglichsten Überschwenglichkeit lieben wollend, mußte lächerlich verpuffen zwischen Himmel und Erde. (...) O theurer, lieber Sigmund, ich fühle oft eine Einsamkeit, daß ich weinen möchte wie ein Kind ...«
Diese Einsamkeit dürfte sich noch verstärkt haben, nachdem Stifters und Amalias Kind, die Tochter Emilie Barbara Antonia, am 17. Dezember 1836 bereits im ersten Lebensmonat »infolge eines Wasserkopfes« gestorben war. Stifter und Amalia haben die Existenz dieses Kindes, aus welchen Gründen immer, Zeit ihres Lebens verschwiegen. Von einigen Stifter-Biographen wurde vermutet, daß dies deshalb geschah, weil das Kind unehelich zur Welt gekommen war. Dieses Argument erscheint allerdings angesichts der Tatsache, daß in Wien zwischen 1830 und 1847 immerhin 46% aller Neugeborenen unehelich geboren wurden, wenig plausibel. Durchaus möglich ist allerdings, daß die Kinderlosigkeit des Ehepaares Stifter mit diesem Ereignis in mittelbarem oder unmittelbarem Zusammenhang steht. Denn obwohl Stifter einmal »Kinder als die Krone einer glükli-

chen Ehe« bezeichnete und er in seinen Briefen häufig seine Kinderlosigkeit bedauerte, dürfte er sich schon früh darüber im klaren gewesen sein, daß er und Amalia keine Kinder mehr haben würden. So schreibt er beispielsweise am 21. September 1845 – er war 40, sie 34 Jahre alt – an seinen Verleger Gustav Heckenast, daß er »wahrscheinlich kinderlos sterbe«. Wie sehr Stifter aber unter der Kinderlosigkeit gelitten haben muß, zeigt ein Brief an Joseph Türck vom 9. November 1857, in dem er bedauernd feststellt: »Ich muß mir fremde Kinder zusammen suchen, und weiß nicht, ob mich die Bälge lieben.« Und am 4. Juli 1863 schrieb er von einer Inspektionsreise deprimiert an seine Frau: »Ich sah mehrere (Mädchen; Anm. K.P.) betrübt an, die ihre klaren lieben Äuglein freundlich auf mich gerichtet hatten und dachte, wie es wäre, wenn wir ein solches Geschöpfchen oder mehrere aus unserem Fleische und Blute gehabt hätten, wenn diese jezt erwachsen wären, wenn sie unsern Stamm fortführten in fernere Zeiten, und s.w. Ich war schon in wehmüthigen Betrachtungen drinnen.«

Für Stifter und Amalia waren die ersten gemeinsamen Jahre in Wien alles andere als eine glückliche Zeit. Stifter hatte als Kandidat des Lehramts der Mathematischen Physik, als Nachhilfelehrer, Vorleser und Maler große Mühe, das nötige Geld für seinen eigenen Lebensunterhalt zu verdienen. Jetzt mußte er auch noch für Amalia sorgen, die als arme Näherin nichts zum gemeinsamen Haushalt beitragen konnte. Am 4. Februar 1836 gestand er seinem Freund Brenner in diesem Zusammenhang: »Ich bin auch wirklich in eine Lage gerathen, daß ich manchen Tag nicht weiß, wovon ich morgen leben werde ...« Aus den Unterlagen, die über die Zeit bis etwa 1840 vorliegen, geht allerdings nicht eindeutig hervor, ob Stifter tatsächlich so wenig verdiente, daß er beispielsweise am 15. April 1837 wegen Privatschulden in der Höhe von 120 Gulden gepfändet werden mußte, oder ob er schlicht und einfach mit Geld nicht umgehen konnte. Für die Zeit ab 1842 läßt sich letzteres eindeutig nachweisen.

Als Stifter 1840 mit 35 Jahren zum ersten Mal als Schriftsteller in Erscheinung trat, begann sich seine finanzielle Lage langsam zu bessern. In seinem ersten Einnahmen-Tagebuch für das Jahr 1840 vermerkte er in der Rubrik »Federfrüchte. Für den Candidaten der Poesie, Kunst, Weltweisheit und noch allerhand anderer Raritäten« Gesamteinnahmen in der Höhe von 224 Gulden und 20 Kreuzer. Dazu kamen noch seine Einkünfte als Privatlehrer und Maler. Aus der Inventarliste eines weiteren Pfändungsprotokolls vom 6. Mai 1841 geht jedenfalls hervor, daß sich Stifter und Amalia bereits an einen hohen Lebensstandard gewöhnt hatten, denn die Ausstattung der Dreizimmerwohnung in der Rotenturmstraße 723, 2. Stiege, 5. Stock, Tür 42, weist auf eine anspruchsvolle Lebensführung hin. Neben einer Dienstbotin namens Franzi lebte im Haushalt noch das Hündchen Muffi, das sich Amalia angeschafft hatte. Ob die Pfändung im Mai 1841 wegen des schuldig gebliebenen Zinses in der Höhe von 162 Gulden dann auch tatsächlich durchgeführt wurde, ist nicht bekannt. Es ist durchaus möglich, daß es Stifter bei seinem großen Talent, sich von Freunden und Bekannten Geld auszuleihen, doch noch geschafft hatte, die Schulden zurückzuzahlen, bevor der Exekutor ins Haus kam. Die Wohnung in der Rotenturmstraße 723, im sogenannten »Küßdenpfennighaus«, war übrigens Stifters 16. Quartier seit seiner Übersiedelung nach Wien im Oktober 1826.

»Die Zwetschkenknödel sahen aus wie ausgeschundene Frösche.«

Im Sommer 1841 mußten sich Stifter und Amalia zum ersten Mal seit ihrer Heirat am 15. November 1837 für längere Zeit trennen. Amalia wollte ihren Bruder Philipp Mohaupt besuchen, der als halbinvalider Unteroffizier mit seiner Familie in Peterwardein bei Budapest in ärmlichen Verhältnissen lebte und sie um Unterstützung gebeten hatte. Amalia fuhr also am 8. August mit dem Schiff von Wien nach Budapest und ließ ihren Mann mit der Dienstmagd Franzi und dem Hund Muffi in der Wohnung in der Rotenturmstraße 723 allein zurück.

Bereits zwei Tage nach ihrer Abreise drängte es Stifter, Amalia einen Brief zu schreiben. Dieser Brief, immerhin der erste, den er an seine Frau richtete, ist allerdings weniger ein persönlicher Brief als vielmehr ein poetischer Bericht über den Tod und die Bestattung von Amalias Schoßhündchen Muffi. Nach einer detaillierten Beschreibung vom Hinscheiden des Hundes – fast hat man den Eindruck, als wollte er seine Frau damit weniger trösten als quälen – schildert Stifter in allen Einzelheiten die makabre Aufbahrungs- und Begräbniszeremonie: »In deinem Zimmer stand im Mondenscheine das aufgebettete Bett, und bei meinem Kopfe in seinem Bettchen lag der tote Hund; es war mir oft in den Ohren, als rühre er sich; da stand ich auf, machte Licht und sah ihn an, aber er war schon kalt und begann zu erstarren. Als es Tag wurde, besah ich ihn wieder; er war so schön wie lebend, und es dauerte mich das gute, treuherzige Gesichtchen, das er noch immer hatte, und – Gott möge mir's verzeihen – ich hatte einen unbändigen Schmerz, als wäre ein geliebter Mensch gestor-

ben. Ich nahm ihm das Maß und schikte die Franzi um eine Schachtel, dann machte ich ihm in dieselbe ein Bettchen, bürstete sein Fell ab, daß es glänzte, gab ihm sein Halskettchen um, das er im Leben so geliebt hatte, und legte ihn in seinen kleinen Sarg. Auch ein Fläschchen legte ich zu ihm, in das ich einen Zettel stekte, und es dann hermetisch versiegelte. Auf dem Zettel aber standen die Worte: ›Ich begrub hier am 9. August 1841 ein Hündchen Muffi, das seinen Herrn und seine Frau so liebte, daß beide um seinen Tod Thränen vergossen. Liebe ist heilig am Menschen wie am Thiere. Stifter.‹ – Dann machte ich die Schachtel zu und befahl der Franzi, mir dieselbe nachzutragen. Wir gingen in den Prater, und in einem Dikicht, wo kein Mensch hinkommt, gruben wir mit einem großen Küchenmesser und den Händen eine tiefe Grube, stellten die Schachtel hinein und bedekten sie mit Erde. Dort liegt er nun ungestört; ich habe mir den Plaz gemerkt und werde ihn dir zeigen, wenn du wieder kommst.«
In Amalias Brief wiederum, der sich mit dem ihres Mannes gekreuzt hatte, ging es hauptsächlich um ein verschmutztes Kleid: »Ich habe dir durch das Danfschif welches am 11. von Pesth retur nach Wien ging eine Schachtel geisickt worin mein Reisekleid sich befindet, es ist voll Öhlflecke besonders unten am Kleid sey so gut und gibs gleich zum Fleckpuzer das nicht eintroknen kennen. Das neue Kleid lasse zu Hause den ich brauche hier kein Putz mir wäre leid und das Geld welches Du für den Trantzbort zahlen müßtest.« Ob der »liebe Stifter«, wie er in der Anrede genannt wurde, erst durch diesen Brief erfuhr, daß seine Frau kaum schreiben konnte, ist ebensowenig bekannt wie das, was ihm, dem Schriftsteller, bei dessen Lektüre durch den Kopf gegangen sein mag.
Am 20. August richtete Stifter einen weiteren Brief an

Amalia, der wieder eine schlechte Nachricht enthielt, nämlich, daß er ihrem Wunsch, das Dienstmädchen Franzi zu entlassen, nicht nachgekommen sei. »Auch muß ich dir nun ein Geständniß thun, das ich im ersten Briefe nicht wagte, nehmlich, daß ich die Franzi gar nicht weg that, weil mich die Hexe dadurch breit schlug, daß sie um dich so geweint hat, und weil sie mir den Muffi so feierlich begraben half.« Um Amalia aber milde zu stimmen, beteuerte er gleichzeitig, wie sehr sie ihm fehlte und daß er sich schon seit zwei Tagen »in das Hemd abwische«, weil er nicht einmal mehr wußte, wo sich in der Wohnung die Handtücher befanden. Und als er einen nächtlichen Ausflug ins Bierhaus Dachs gestand, fügte er gleich beruhigend hinzu: »Aber öfter noch bleibe ich zu Hause, lasse mir ein Bier bringen und lese die Zeitung und habe lange Weile um dich.«
Amalias Brief vom 1. September 1841 beginnt angesichts der vielen Themen, die Stifter in seinem umfangreichen Brief vom 20. August anschnitt, gleich mit einer Rüge: »Deine beiden Briefe (...) haben mich erfreut aber auch Betribt, nach dem Du so ein konfuhses zeig Durcheinander schreibst daß man nicht weiß was man aus allem dem machen soll, nicht nur ich allein, sondern wir alle wissen nicht was Du forhast. (...) Die Nachricht von dem Tode, meiner armen Muffi ist mir so Schmerzlich gewesen, das er gerade Diesen Tag ohne Hilfe ohne allen sein Leben ein ende nemmen muste, für seine Liebe und Anhenglichkeit die er in seinen leben zu uns hatte. Daß die Franzi noch bei dir ist freut mich nicht besonders weil sie nie anderß wird als sie war, und ich sie nicht mer in Dinste behalten will, indessen thu wie Du wilst, wen ich zurückkomme werde ich schon sehen was sich thuen lest.«
Da die Dienstmagd Franzi in keinem weiteren Brief mehr erwähnt wird, ist anzunehmen, daß sie von Amalia nach

ihrer Rückkehr aus Peterwardein entlassen wurde. Ob Amalia Muffis Grab im Prater je besucht hat, ist nicht überliefert.
An der Entlassung Franzis dürfte Stifter allerdings nicht ganz unschuldig gewesen sein, da er seiner Frau am 28. August ausführlich von einem verunglückten Kochversuch Franzis berichtet hatte: »Am vergangenen Sonntage schwangen wir uns gar auf Zwetschkenknödl*, die Franzi sagte, sie könne dieselben machen, aber als ich einmahl zufällig in die Küche kamm, so zog sie den Teig so seltsam auf dem Brette hin und her, und knetete mit ihren ungeschikten Fingern in den Zwetschken herum, daß mir gleich aller Appetit verging, und wirklich, als sie die Knödel auf den Tisch brachte, so sahen sie gar nicht, wie Knödl aus, sondern sie lagen in der Schüssel, wie ausgeschundene Frösche in einer unheimlich bleichen Flüssigkeit schwimmend. Ehe ich nur einen anrührte, war es mir schon, als wäre mein Magen ganz voll, und als schwöllen sie mir bereits im Munde an. Ich schüzte daher Unwohlsein vor und schenkte ihr alle, und ihr schmekten sie sehr gut.«
Ich vermute, daß Franzi bei der Zubereitung des Teigs das Ei vergessen hat, wodurch sich die Knödel beim Kochen aufgelöst haben. Mir ist dieses Mißgeschick selbst einmal passiert, was zur Folge hatte, daß sich die Zwetschkenknödel in eine formlose Masse verwandelten und so gut wie ungenießbar waren.

Zwetschkenknödel mit Topfenteig (ca. 12 Knödel)

Zwetschken (ca. ½ kg); 250 g Magertopfen, 50 g Butter, 1 Ei, 70 g Grieß, 70 g Mehl, 1 Prise Salz; Butter, Brösel; Staubzucker*, Obers**

Topfen, zerlassene Butter und Ei gut verrühren, dann Grieß und gesalzenes Mehl dazugeben und zu einem

Teig verarbeiten. Dreißig Minuten rasten lassen. Teig auf dem bemehlten Nudelbrett zu einer Rolle formen und diese in ca. 12 Teile teilen. Zwetschken einlegen und Knödel formen. Knödel ca. 10 Minuten in leicht kochendem Salzwasser ohne Deckel ziehen lassen, vorsichtig herausnehmen und in gerösteten Butterbröseln wälzen. Mit Staubzucker bestreuen und zur Verfeinerung etwas Obers darübergießen.

Zwetschkenknödel mit Brandteig (ca. 12 Knödel)

Zwetschken (ca. ½ kg); 3/8 l Milch, 20 g Butter, 1 Prise Salz, 250 g Mehl, 2 Eier; Butter, Brösel; Staubzucker, Obers

Milch mit Butter und einer Prise Salz aufkochen. Mehl bei kleiner Hitze einrühren, bis der Teig sich vom Löffel löst. Ein Ei einrühren. Wenn der Teig glatt ist, noch ein Ei einrühren. Teig erkalten lassen und noch einmal durchkneten. Weitere Vorgangsweise wie bei den Zwetschkenknödeln mit Topfenteig.

»... und der Mali vielen Dank für ihre delikate Strudel.«

Am 5. Juni 1847 fuhr Stifter mit dem Schiff von Wien nach Linz, um sich dort nach einem neuen Sommerquartier umzusehen, nachdem der »Gstöttnerhof«, in dem er die Sommer 1845 und 1846 verbracht hatte, im Frühjahr abgebrannt war. Schon zwei Tage später konnte er seiner Frau mitteilen, daß er »für den Nothfall (...) im Hartlischen Hause« eine Wohnung gefunden hätte. Damals konnte Stifter noch nicht ahnen, daß aus dem »Nothfall« eine Dauerlösung werden sollte, denn nach der endgültigen Übersiedelung nach Linz im Sommer 1849 lebte Stifter bis zu seinem Tod in diesem Haus Nr. 1313 an der Unteren Donaulände.

Während sich also Stifter nach Linz auf Wohnungssuche begab, war seine Frau in Wien geblieben, um auf die Ankunft ihrer sechseinhalbjährigen Nichte Juliana aus Pest zu warten. Julianas Vater, Philipp Mohaupt, der in der Zwischenzeit Witwer geworden war, sah sich aufgrund seiner Krankheit und seiner finanziellen Notlage außerstande, sich weiter um seine vier Kinder zu kümmern. Nach einigen dramatischen Appellen Philipp Mohaupts entschieden sich Stifter und Amalia schließlich, Juliana als Ziehtochter aufzunehmen.

Die Reise Julianas zu ihren Zieheltern stand allerdings unter keinem guten Stern, denn noch in Pest wurde das kleine Mädchen von einem Hund gebissen und verletzt. Obwohl Hundebisse damals aufgrund der großen Anzahl herumstreunender Hunde keine Seltenheit waren, benötigte Juliana in Österreich ein ärztliches Zeugnis, da hier jeder Hundebiß amtlich angezeigt werden mußte. Sogar der in

Budapest lebende Verleger Stifters, Gustav Heckenast, mußte von dort eine Bestätigung nach Linz schicken, daß der Hund, der Juliana gebissen hatte, nicht tollwütig gewesen wäre.
Amalias Abreise aus Wien verzögerte sich aber nicht nur wegen der verspäteten Ankunft Julianas, sondern auch wegen eines Leidens, das bei ihr wieder einmal akut geworden war und mit dem sie sich bis an ihr Lebensende herumschlagen sollte: »Nahsenschleimheite Entzindung«, wie sie die Krankheit in einem Brief vom 9. Juni 1847 bezeichnete. Daß Amalia dennoch nicht im entferntesten daran dachte, aufgrund ihrer Krankheit die Vormachtstellung im Haus aufzugeben, stellte sie im selben Brief klar: »Genieße die Freiheit so lange du kanst den wen ich einmahl da bin stehest Du wieder unter der Aufsicht.« Stifter schien sich aber bereits wieder so nach Amalias »Aufsicht« zu sehnen, daß er ihr binnen zehn Tagen nicht weniger als vier ausführliche Briefe nach Wien schickte, in denen er sie anflehte, sie möge doch endlich nach Linz kommen. So schreibt er etwa am 16. Juni: »Ich bin in einem Zustande, der beinahe an Verzweiflung grenzt, und der dadurch noch unerträglicher wird, daß ich nicht weiß, was ich thun soll; denn wenn ich nach Wien fahre, so kann es geschehen, daß wir für einander fahren, und wenn ich hier bleibe, so liege ich auf der Folter vor Ungewißheit und Besorgniß. (...) Ich kann gar nichts arbeiten – ach Gott, und die Arbeit ist so dringend – ich wache in der Nacht gewiß zehnmal auf, und stettes tiefes Nagen im Herzen ist mein Begleiter. (...) Komme, ich bitte dich, lasse k e i n e n e i n z i g e n T a g mehr vergehen, du weißt nicht, wie mir ist.«
Am 20. Juni traf dann Amalia mit Juliana und dem Dienstmädchen Resi endlich in Linz ein, wo die »geliebte theuerste Gattin« von ihrem Mann bei der Schiffsanlegestelle

schon sehnsuchtsvoll erwartet wurde. Wenige Tage vor Amalias Abreise war auch ihr Bruder Philipp nach Wien gekommen, wo er aufgrund seines schweren Gichtleidens im k. k. Invalidenhaus »auf der Landstraße« aufgenommen wurde. Dort starb er bereits am 10. Februar 1848; seinen Kindern hinterließ er 4 Gulden und 25 Kreuzer. Während der acht Monate, die Philipp Mohaupt mit seinen beiden Kindern Gustav und Josefine in Wien lebte – Katharina hatte er in der Zwischenzeit im Erziehungsinstitut für Waisen in Száthmar in Ungarn untergebracht – wurde er vom Ehepaar Stifter großzügig unterstützt. So bedankt er sich am 9. November 1847 bei Stifter recht herzlich für die 5 Gulden, um die er »Pepi ein Kleid und Gustel einen Rock und ein paar Schuhe« kaufen konnte. Und am Ende des Briefes schreibt er: »Lebet indessen recht wohl und der Mali vielen Dank für ihre delikate Strudel.«
Da Stifter seit Oktober 1847 mit Amalia, der Ziehtochter Juliana und dem Dienstmädchen Resi für kurze Zeit wieder in Wien in der Seitenstettengasse Nr. 495 im ersten Bezirk lebte, dürfte der Strudeltransport ins Invalidenhaus in die »Landstraße« nicht schwierig gewesen sein. Unbeantwortet bleiben allerdings zwei Fragen: Erstens, ob die Strudel von Amalia oder von Resi gebacken wurden, und zweitens, um welche Art von Strudel es sich dabei handelte. Da sich »der Strudel« in Wien schon längst etabliert hatte und vor allem Apfel- und Topfenstrudel* sich großer Beliebtheit erfreuten, gehen wir davon aus, daß Amalia ihrem Bruder Strudeln dieser Art schickte. Möglich wäre es allerdings auch, daß sie für ihn Milchrahm-, Reis-, Grieß-, Krebs-, Mandel-, Kindskoch-, Zitronat-, Tiroler-, Zimt- oder Schokoladenstrudel gebacken hat, denn alle diese Varianten werden, neben vielen anderen Strudelrezepten, bereits in Kochbüchern ab 1800 erwähnt.

Ich bin mir darüber im klaren, daß die folgenden Rezepte für Apfel- und Topfenstrudel nicht der traditionellen Zubereitungsweise dieser Mehlspeisen entsprechen, allerdings wurde bei uns zuhause seit jeher der von uns so genannte »Strudel« auf diese Art gebacken. Da es sich darüber hinaus um ein einfaches und ökonomisches Rezept handelt, habe ich mich entschlossen, diese kleine Ungenauigkeit in Kauf zu nehmen.

Strudelteig nach Art des Hauses (für 3 Strudel)

350 g glattes Mehl, 250 g Margarine, 1 Prise Salz, 7 EL Wasser

Margarine in kleine Würfel schneiden, im gesalzenen Mehl abbröseln, mit Wasser vermischen und rasch zu einem Teig verarbeiten. Die Hände zwischendurch bemehlen. Den Teig mindestens eine Stunde im Kühlschrank rasten lassen und dann in drei gleich große Teile schneiden. Mit dem bemehlten Nudelwalker* den Teig auf dem bemehlten Brett so auswalken*, daß eine ovale Fläche entsteht, die groß genug ist, daß die Äpfel bzw. der Topfen mit dem Teig zugedeckt werden können. Wichtig ist, daß auch die beiden Enden gut übereinandergeschlagen werden, damit die Fülle während des Backens nicht auslaufen kann.

Apfelstrudel (für 3 Strudel)

Strudelteig; ca. 2 kg säuerliche Äpfel, 3 EL Kristallzucker, 150 g Rosinen, 3 TL Zimt; Butter zum Befetten des Backblechs; Staubzucker

Äpfel schälen, entkernen, in kleine Stücke schneiden und mit Zucker, Rosinen und Zimt gut durchmischen. Den ausgewalkten Teig seitlich auf das gebutterte Backblech legen, bevor die Äpfel in der Mitte des Teigs verteilt und zugedeckt werden. Das Backrohr 10 Minuten vorheizen und den Strudel auf dem gebutterten Backblech bei 180 Grad ca. 50 Minuten backen. Den fertigen Strudel, der warm oder kalt serviert werden kann, mit Staubzucker bestreuen.

Topfenstrudel (für 3 Strudel)

Strudelteig; 750 g Magertopfen, 3 Eier, 2 EL Obers, 3 EL Kristallzucker, 1 Prise Salz, 2 Packungen Vanillezucker, Saft von einer halben Zitrone, 1 TL geriebene Zitronenschale, 150 g Rosinen; Butter zum Befetten des Backblechs; Staubzucker

Topfen, Eier, Obers, Kristallzucker, Salz, Vanillezucker, Zitronensaft und geriebene Zitronenschale mit dem Mixer gut durchmischen und Rosinen einrühren. Weitere Vorgangsweise wie beim Apfelstrudel.

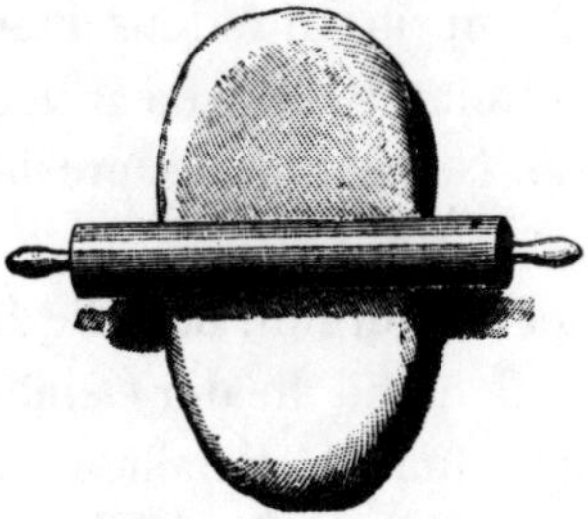

»... HIER ZERFÄLLT EIN SCHULGEHILFE MIT DER PFARRERKÖCHIN.«

Zwischen September 1850 und Oktober 1863 führte Stifter in seiner Funktion als zunächst provisorischer und später als wirklicher Schulrat in Oberösterreich etwa dreißig Inspektionsreisen durch. Über die meisten dieser Reisen, die zwischen drei und vierzehn Tage dauerten, verfaßte Stifter umfangreiche Berichte an die vorgesetzte Behörde und sparte dabei nicht mit Kritik an den zum Teil katastrophalen Verhältnissen im Bildungsbereich.

Bereits in seinem ersten Bericht vom 4. April 1851 über die im Herbst und Winter 1850/51 absolvierten Reisen bezeichnete Stifter die finanzielle Lage der Lehrer als »zum größten Theile schlecht, ja oft sehr schlecht.« Und weiter schrieb er: »Ich kann hier nicht unterdrüken, auszusprechen, wie wehe mir das Herz thut, wenn die Lehrer vom Lande mit ihren fadenscheinigen Röken und den blassen abgekümmerten Zügen zu mir hereinkommen, die deutlicher ihren Nothstand aussprechen, als es Klagen im Stande wären.«

Konkret wies Stifter darauf hin, daß die Jahresgehälter der Lehrer mit 130 Gulden und die der Gehilfen mit 70 Gulden viel zu niedrig wären, um ihre Familien ordentlich ernähren zu können. Zum Vergleich: Für den Verkauf der Eigentumsrechte der »Bunten Steine« erhielt Stifter 1852 von Heckenast 3.000 Gulden, also das Dreiundzwanzigfache von dem, was ein Lehrer damals in einem ganzen Jahr verdiente.

Neben der finanziellen Lage der Lehrer untersuchte Stifter im Zuge seiner Inspektionsreise auch den Zustand der Schulgebäude und vermerkte in diesem Zusammenhang, daß er einige gute, »aber auch sehr schlechte, man könnte den Ausdruk gebrauchen, fürchterliche Schulörtlichkeiten« gesehen hätte. Im Detail ging er neben anderen auf folgende Schulen ein:

»Die Räume der Normal-Hauptschule in Linz sind theilweise finster theilweise unregelmäßig theilweise feucht und sowohl im Ganzen als auch im Einzelnen zu klein.«

»Das jezige Schulgebäude der Hauptschule Steyer zeigt schon von Außen die Verkommenheit, im Innern ist es sehr feucht, so daß ich auf den Thüren weißen Schimmel fand, und die Wachsleinwand an den Tafeln im Faulen begriffen war.«

»Die Schule Ternberg im Ennsthale fand ich ziemlich verwahrlost. Ich traf die Kinder allein im Lehrzimmer, weil Lehrer und Gehilfe bei einer Leiche waren.«

»In Niederthalheim bei Schwanenstadt in einer sehr fruchtbaren Gegend fand ich ein hölzernes Schulhaus. Die Wände hatten durch und durch Löcher, wie ein Kopf. Die Lehrersfrau stopfte sie mit Werg zu. An den Wändebalken konnte man mit den Fingern den Holzmoder herabrieseln machen. Das Dach war ein Bretterdach mit Steinen; aber es machte buchstäblich den verworrenen Eindruck, als hätte Einer auf einem großen Wagen Bretter und Steine geführt und hätte umgeworfen. Bei jedem stärkeren Regen mußten die Kinder Bücher und Papiere unter die Bank halten, daß sie nicht naß würden. Das Wasser rann auf dem Boden des Schulzimmers dahin.«

Aber auch am »sittlichen Verhalten« einzelner Lehrkräfte hatte Stifter etwas auszusetzen: »Die Schule in Vöklabruk ist gut, aber der Lehrer H. ist in sittlicher Beziehung (in Hinsicht des weiblichen Geschlechtes) tadelnswerth. Der geistliche Ortsschulaufseher konnte (...) nichts anderes thun als ermahnen, und an die Bezirksaufsicht anzeigen. Es wäre zu

wünschen, daß, wenn der Lehrer (unverehelicht) sich nicht bessert, zum sittlichen Wohle der Schule etwas Entscheidendes geschähe.«
Während seiner dreizehnjährigen aktiven Tätigkeit als Landesschulinspektor für das Volksschulwesen in Oberösterreich drang Stifter mit seinen Verbesserungsvorschlägen nur äußerst selten bis zu seiner vorgesetzten Dienststelle durch. Am 20. März 1850, also wenige Monate vor seinem Amtsantritt, schrieb er noch voll Optimismus an Joseph Ranzoni: »Ich für meinen Theil habe ein fast fieberhaftes Verlangen, die Menschen besser und verständiger machen zu helfen, darum greife ich im Erziehungswege an.« Je länger allerdings Stifters Tätigkeit als Schulinspektor dauerte, desto deutlicher wurde ihm bewußt, daß er hier, wie auch in so vielen anderen Bereichen seines Lebens, gegen Windmühlen kämpfte. Aber anstatt etwas gegen die sich abzeichnende Katastrophe zu unternehmen, tat Stifter alles, um die Krise noch zu beschleunigen. Er, der einst davon geträumt hatte, als freier, unabhängiger Künstler zu leben, mußte am 7. Juli 1855 in einem Brief an Gustav Pechwill resigniert feststellen: »Mein Amt als Schulrath als Conservator für Oberösterreich als Vice-Vorstand des Kunstvereines als Referent des Museums dann meine Liebhabereien als Dichter Maler Restaurateur alter Bilder und Geräthe nebst Gerumpel, wozu mich noch im vorigen Sommer die Cactusnarrheit überfallen hat, reiben wahrhaftig eine Riesennatur auf, um so viel mehr die meinige.«
Zwei Jahre davor, am 22. März 1853, hatte er bereits gegenüber seinem Verleger Heckenast geklagt: »– – aber was muß ich jezt thun? Dort trinkt ein Schulmeister Branntwein, hier zerfällt ein Schulgehilfe mit der Pfarrerköchin, dort wollen die Bauern die Sammlung nicht geben ... u.s.w u.s.w. – – und ich muß die Dinge bearbeiten.«

Natürlich machte das Konkordat von 1855, das die Schulen wieder unter die Oberaufsicht der Kirche stellte, Stifters Tätigkeit als Schulrat nicht gerade leichter, aber das Problem lag tiefer. Die immer größer werdenden Aktenstöße, die belastende Beziehung zu seiner Frau, die beengten gesellschaftlichen Verhältnisse in Linz, in dem er sich wie in »Hottentothien« fühlte, die zum Teil vernichtenden Kritiken, die er für manche Werke bekam, und das abnehmende Interesse der Leser an seinen Büchern, all das trieb Stifter in immer tiefere Verzweiflung. Wie ausweglos er seine Lage sah, zeigt der Brief, den er am 13. Mai 1854 an Heckenast schrieb:

»Lieber theuerster Freund, wenn Sie nur wüßten, wie mir ist! Durch das Heu den Häkerling die Schuhnägel die Glasscherben das Sohlenleder die Korkstöpsel und Besenstiele, die in meinem Kopfe sind, arbeitet sich oft ein leuchtender Strahl durch, der all das Wüste verdrängen und einen klaren Tempel machen will, in welchem ruhige große Götter stehen; aber wenn ich dann in meine Amtsstube trete, stehen wieder Körbe voll von jenen Dingen für mich bereitet, die ich mir in das Haupt laden muß. Dies ist das Elend, nicht die wirkliche Zeit, die mir das Amt nimmt. Könnte ich diese Zeit verschlafen oder die Amtsdinge ohne Theilnahme des Herzens abthun, zu welch schönem Grad der Ruhe es viele Beamte bringen, so hätte meine Dichtkunst nichts verloren; aber das ists, wenn eine Kirche zur Scheune gemacht wird, so steht ihr das Predigen in ihr übel. Ich glaube, daß sich die Dinge an mir versündigen.«

Es scheint fast so, als hätte Stifter in dieser Situation die Flucht in die Krankheit als zumindest einen möglichen Ausweg gesehen, denn je größer die Probleme im Berufsalltag wurden, desto mehr nahmen die körperlichen und seelischen Leiden zu. Seit Beginn der fünfziger Jahre lassen

sich Stifters Briefe jedenfalls auch als Berichte über seine vielen Krankheiten lesen, die er peinlich genau dokumentierte. So wissen wir, daß er während seiner Amtszeit unter »rheumatischem Fieber«, »Grippe«, »Halsentzündung«, »Abszeß*«, »Katarrhalfieber«, »gastrisch nervösem Fieber«, »Augenentzündung«, »geschwollenem Fuß«, »Leberschmerzen«, »Eingeweidecatarrh«, »erkalteter Galle«, »Schleimfieber« und »Leber- und Gallenstörung« litt. Dazu kamen die parallel auftretenden »Nervenleiden«, die ebenfalls immer schlimmer wurden und die er am 23. August 1855 in einem Brief an Heckenast folgendermaßen beschrieb: »Ich ward reizbar, mürrisch, erschrak, wenn ein Federmesser zu Boden fiel, und, was ganz lächerlich war, fürchtete mich, wenn ich im Wagen saß, und auf eine Inspektion fuhr. Später kamen Wallungen im Kopfe dazu. Ich fragte endlich einen Arzt, meinen Freund Bergmann, welcher erklärte, meine stets sizende Lebensweise ist Schuld.«
Diesen Brief schrieb Stifter bereits aus Lackenhäuser, wohin er am 17. August 1855 gemeinsam mit seiner Frau und der Ziehtochter Juliana zu einem zweimonatigen Kuraufenthalt gefahren war. Von der Kur in Lackenhäuser, das etwa 80 Kilometer nordwestlich von Linz auf bayerischem Boden direkt an der österreichischen Grenze im Böhmerwald in der Nähe des Dreisesselberges liegt, erwartete sich Stifter eine nachhaltige Besserung seines Zustands. Aber gegen Ende seines Aufenthalts fürchtete er sich bereits wieder vor dem verhaßten Amt, das in »diesem unseligen Linz« auf ihn wartete. So schrieb er am 9. September 1855 an den befreundeten Maler Johann Fischbach: »Ich bin durch Unterleibsschwere so reizbar, daß ich bei dem Herabfallen einer Schere wie ein krankes Weib erschreke. Könnte ich ohne Amt nur meinen Dichtungen etc leben, hier in der Waldluft und bei dem herrlichen Wasser und

täglichen Waldwanderungen leben – alles wäre gut!« Stifter wurde nach und nach von seinen unzähligen Verpflichtungen aufgerieben und fand keine Balance zwischen Beruf und Berufung. Der im »Nachsommer« formulierte Grundsatz: »Jeder Mensch (...) könne nur eines sein, dieses aber muß er ganz sein« blieb für Stifter auch in dieser Phase seines Lebens ein unerreichbares Ziel.

»Die edlen Würstel ...«

Im Januar 1858 erhielt Stifter von seinem in Wien lebenden Freund, dem Kupferstecher Joseph Axmann, ein Porträt, das den Wiener Bürgermeister Johann Caspar von Seiller zeigte. Axmann bat Stifter, von dessen Meinung in Kunstdingen er viel hielt, um eine Stellungnahme zu diesem Bild. Stifter scheint diese Arbeit gefallen zu haben, denn am 29. Januar geht er in einem Brief ausführlich auf das Werk ein, das er in den höchsten Tönen lobt. Er bewundert darin die »Strenge der Linienführung« und »die Klarheit der Behandlung«, äußert sich anerkennend über die »klaren und glänzenden Augen« sowie die »schön modellirte Nase«, und nachdem er auch an »Mund Bart Haare und Gewandung« nichts auszusetzen hat, bezeichnet er das Porträt schließlich überschwenglich als »das Werk eines Meisters«. Nach einem kurzen Seitenhieb auf »das leichtsinnige Wien«, das »den herrlichen Grillparzer« nicht verdienen würde, wechselt Stifter aber schlagartig das Thema und kommt auf den wahren Grund seines Schreibens:
»Aber hören wir jezt von den Kunstdingen auf und gehen wir zu etwas Wichtigerem und Ernsterem über. Kaufe mir für das Geld, welches in diesem Briefe liegt, so viele sogenannte Frankfurter=Wienerwürstel, als du bekömmst, wenn du vorher die Schachtel bezahlt hast, in die du die Würstel thun mußt, damit sie mir überbracht werden. Aber höre und überlege wohl: du darfst die Würstel nur bei kaltem Wetter senden. Schlägt das jezige Winterwetter um, und wird warm, so warte auf kaltes, und kommt gar kein kaltes mehr, so thue das Geld in deinen Schaz, und warte auf weitere Weisung. Die edlen Würstel aber soll, so ist nehmlich die herzliche Bitte meiner Frau, nicht der alte

Matrose, sondern dessen liebe Gattin Wallburga kaufen, aus Ursache, da sie besser über bessere wird urtheilen können, und man ihr nicht so leicht etwas anhängt wie dem Matrosen. Der Dank wird groß sein, und ein Gegendienst, wenn Gelegenheit ist, nicht fehlen.«

Dieser Brief ist eines von zahlreichen Beispielen für Stifters großes Talent, Freunde, Verwandte und Bekannte für alle nur erdenklichen Dienstleistungen einzuspannen. Den Jugendfreund Mathias Greipl zum Beispiel bat er am 5. Dezember 1855 um die Zusendung von »24 Ellen Gradl«, das sind 16 Meter Leinenstoff, aus Oberplan und »vergaß« dann trotz mehrmaliger Mahnungen fast zwei Jahre lang darauf, die Ware zu bezahlen. Die Schulden in der Höhe von 108 Gulden konnte Stifter dann am 9. November 1857 aber auch nur begleichen, weil er sich zuvor von seinen Nachbarn, den Kaindl-Brüdern, 130 Gulden ausgeborgt hatte. Um diesen Kredit zurückzahlen zu können, mußte Stifter wiederum noch am selben Tag seinen Verleger Gustav Heckenast um einen Vorschuß von 200 Gulden ersuchen.

Im Falle des Würstelwunsches hatte Joseph Axmann freilich das große Glück, daß Stifter das Geld gleich beilegte, was die Erfüllung seiner Wünsche wesentlich erleichterte. Schon am 1. Februar 1858 vermerkte Axmann am Schluß von Stifters Brief: »20 Paar Frankfurter 1 fl* 40 kr*. ein Paar Knakwürste a 8 kr die Schachtel 12 kr per Eilgut übersendet.«

Stifter, dessen Mutter am 27. Februar 1858 gestorben war, meldete sich erst am 20. März wieder bei Axmann und bedankte sich für dessen »Würstelbemühungen«: »Die Dinge schmekten uns so sehr, daß unser Mühmchen Josefine (...) sagte, sie seien besser als ein Kapaun (ich sage das nicht), und daß meine Frau ewig beim Mittagsessen im ganzen Februar sagte: ›Siehst du, die Kälte hält an, wir hätten noch Würste genug bekommen.‹ «

Der Würsteltransport zwischen Wien und Linz scheint reibungslos funktioniert zu haben, denn am 30. November 1860, Stifter hielt sich gerade in Wien auf, berichtete er Amalia, daß Axmanns Frau, »sobald Kälte eintritt«, wieder Würstchen nach Linz schicken würde. Weitere Würstelsendungen aus Wien wurden in Briefen vom 20. Februar 1861 und 17. Februar 1862 bestätigt.

Wenn Stifter am 30. November 1860 schreibt: »Die Würstel sind jezt sehr schwer zu transportiren. Sie erhizen sich im Wagen und verderben«, so können wir davon ausgehen, daß Stifter für den Würsteltransport von Wien nach Linz die Postkutsche verwendete und nicht die Eisenbahn. Man darf nicht vergessen, daß die Fahrt mit der Pferdekutsche von Wien nach Linz etwa 24 Stunden dauerte und daß deshalb vor allem in der warmen Jahreszeit ein Transport von Lebensmitteln nur in sehr eingeschränktem Maße möglich war. Leicht verderbliche Waren wie »Frankfurter« konnten daher nur bei kaltem Wetter problemlos über größere Entfernungen transportiert werden.

Ob man durch die von Henriette Davidis in ihrem »Praktischen Kochbuch« von 1844 vorgeschlagene Methode zur Konservierung von Räucherware auch »Frankfurter« länger hätte haltbar machen können, entzieht sich meiner Kenntnis, aber nachdem es sich bei den »Frankfurtern« um Räucherware handelt, hätte diese Methode eigentlich auch hier funktionieren müssen: »Die Fleischwaren sind zwar durch das Räuchern haltbar geworden; man muß sie aber später dennoch vor Schimmel und Fliegen und vor dem Austrocknen bewahren. Zu diesem Zweck tut man die Fleischwaren in Fässer oder Kisten und streut schichtweise trockene, gesiebte Buchenasche oder auch trockenen Häcksel von Roggenstroh dazwischen. Die oberste und die unterste Schicht muß Asche, resp. Häcksel sein.«

Seine Vorliebe für »Frankfurter« teilte Stifter übrigens mit vielen Künstlern des 19. Jahrhunderts: Franz Grillparzer und Johann Nestroy gehörten ebenso zu den Anhängern dieses »fast food« wie Franz Schubert, Josef Lanner und Johann Strauß, die als Wiener, im Gegensatz zu Stifter, freilich den großen Vorteil hatten, daß sie ihre Würstel verzehren konnten, wann immer sie wollten. Denn während es beispielsweise in Mailand bereits seit 1842 und in Amsterdam seit 1861 die »Wiener« gab, dauerte es in Linz bis 1865, ehe die Wurst- Selchwaren- und Konservenfabrik Anton Glöckler diese berühmten Würste auch in der oberösterreichischen Landeshauptstadt anbot. Bis dahin war Stifter auf die Belieferung mit »Frankfurtern« aus Wien angewiesen.

Erfunden wurden die »Frankfurter« im Mai 1805 von Johann Georg Lahner, einem 1772 im fränkischen Gasseldorf geborenen »Aufhackknecht«, der während seiner Walz auch nach Wien kam und in der heutigen Neustiftgasse 111 im 7. Bezirk (damals Schottenfeld 274) zum ersten Mal diese neuartige Wurstmischung erzeugte. In Erinnerung an seine Lehrzeit in Frankfurt am Main nannte Lahner die Würstel zunächst einmal »Frankfurter«, später wurden sie »Wiener Frankfurter Würstel« bzw. »Frankfurter Wiener Würstel« genannt. Heute heißen sie nur in Wien »Frankfurter«, sonst überall »Wiener«.

Das Originalrezept der »Frankfurter« ist meines Wissens nicht überliefert, allerdings fand ich in einer Festschrift zum 125jährigen Jubiläum der Firma Lahner einen Hinweis auf die Zubereitung der »Ur-Frankfurter«:

»Das sorgfältig von allen Sehnen befreite Fleisch wird zunächst mit Hacken* entsprechend zerkleinert, dann auf Holzstöcken mit schweren Holzschlegeln weichgeklopft und

mit großen Wiegemessern, die von zwei sich entgegenarbeitenden Gehilfen mit der Hand bedient werden, in ganz kleine Stücke zerschnitten, bis man daraus durch Mischung mit Schweinefleisch in einem Holztrog das Wurstbrät herstellt, das mit einer großen Handspritze, die dabei auf den Oberschenkel aufgestützt wird, in die auf das Aufsatzrohr angesteckten Schafsaitlinge* eingedrückt wird. Die daraus abrollende lange Wurst wird dann in entsprechend kurze Teile abgeschnitten und in der Mitte zu einem Paar abgedreht, worauf die Würstl geselcht und gekocht werden.«
Daß die »Wiener« heutzutage auf der ganzen Welt maschinell hergestellt werden, versteht sich von selbst. Wer aber dennoch Lust verspürt, sich seine Würstchen selbst herzustellen, dem sei das folgende Rezept aus einem »Wurst- und Fleischerhandbuch« aus dem Jahr 1950 empfohlen:

Frankfurter Würstel (10 Paar)

1,5 kg mageres Schweinefleisch, 1 kg zäher Speck, 65 g Salz, 5 g Zucker, 1 g Salpeter, 6 g Pfeffer, 2,5 g Ingwer, 3,5 g Kardamon

Das magere Schweinefleisch grob eingehackt und mit Salpeter, Salz und Zucker vermengt eine Nacht in den Kühlschrank stellen, anderntags fein durchdrehen, mit Wasser und dem gesamten fehlenden Gewürz gut durchkuttern, dann den fein durchgedrehten Speck hinzufügen und alles noch einige Male rundlaufen lassen. Damit die Würstchen schön rot werden, empfiehlt es sich, die gekutterte Masse eine Nacht stehen zu lassen. Dann in Schweinedärme füllen, in Paare von 125 g abdrehen, warm vortrocknen und schön goldgelb räuchern.

Das Räuchern der Würste geschieht am besten, wenn sie in vorher angehitztem Rauch kurze Zeit zum Antrocknen gehängt werden. Alsdann gibt man unten auf den

Räucherboden feine Holzwolle, darüber einen Posten feiner Holzspäne und darüber einen ganz dünnen Hauch Sägemehl. Man macht dieses oben mit dem Pinsel leicht naß. So entsteht ein warmer Wasserdampfrauch, der an den Würstchen eine schöne, goldgelbe Farbe erzeugt.

Da es sich bei den »Frankfurtern« um sogenannte »Brühwürste« handelt, müssen die Würste nach dem Räuchern noch bei etwa 80 Grad im Wasser gebrüht werden.
Sollten Sie aber Ihre »Frankfurter« in einer Metzgerei oder einem Supermarkt kaufen, so werden diese je nach Hersteller aus folgenden Zutaten bestehen:

Variante 1:
Rindfleisch, Speck, Wasser, Nitritpökelsalz, Stärke, Gewürze, Saccharose, Natrium-Kalium-Polyphosphat, Ascorbinsäure, Geschmacksverstärker: Natriumglutamat.
Variante 2:
Schweinefleisch, Speck, Wasser, Kochsalz, Konservierungsmittel: E 250; Stärke, Gewürze, Stabilisator: E 331, E 471; Antioxidationsmittel: E 300; Geschmacksverstärker: E 621.

Wenn Sie trotz dieser Ingredienzien immer noch Appetit auf »Frankfurter« verspüren, so empfehle ich die Zubereitung derselben nach Katharina Pratos Rezept aus der »Süddeutschen Küche« von 1858, dem Jahr, in dem Stifter in seinen Briefen diese Würstel zum ersten Mal erwähnt.

Frankfurter bzw. Wiener mit Kren
Wiener, Frankfurter o. dgl. legt man in siedendes Wasser in ein langes Geschirr, damit sie nicht gebogen werden müssen, deckt sie zu und läßt sie seitwärts am

Herde stehen, bis sie in die Höhe steigen, was der Fall ist, wenn sie durch und durch heiß sind. Man legt sie zwischen eine zierlich gefaltete Serviette auf die Schüssel und serviert geschabten Kren* dazu.

Kochen Sie aber die »Frankfurter« nicht zu lange, sonst platzen sie und werden zu »Fledermäusen«. So nennt man jedenfalls im Mühlviertel aufgesprungene »Frankfurter«.
Was den Kren betrifft, so rate ich, unbedingt frischen zu verwenden, also keinen aus der Tube oder aus dem Glas. Da er sich in Gärten und auf Wiesen ja fast unkrautartig ausbreitet, sollte es kein Problem sein, an frischen Kren heranzukommen. Halten Sie also Ausschau nach diesem wildwuchernden Gemüse und legen Sie, sobald Sie es entdeckt haben, mit einer kleinen spitzen Schaufel den oberen Teil der Wurzel frei. Dann entfernen Sie die Blätter und schneiden mit einem scharfen Messer ein etwa zehn Zentimeter langes Stück der Wurzel ab. Waschen Sie den Kren gründlich, schneiden Sie die Schale, wo nötig, weg und reiben ihn mit dem Reibeisen. Aber Vorsicht: Der frische, rohe Kren ist üblicherweise so scharf, daß er einem bereits beim Reiben die Tränen in die Augen treibt. In diesem Falle sollte man die Augen keinesfalls mit den »krenigen« Fingern trockenreiben, sonst hört das Weinen gar nicht mehr auf.
Zu den »Frankfurtern« mit frischem Kren und scharfem Senf gehören natürlich eine Semmel und (mindestens) eine Halbe Bier, die man in diesem Falle vorzugsweise aus der Flasche trinkt.

»Julie ist sehr brav und macht uns viel Freude.«

Seit dem 20. Juni 1847 lebte Amalias Nichte, Juliana Mohaupt, als Ziehtochter im Haushalt des Ehepaares Stifter, dessen Verhältnis zu Juliana nicht reibungslos gewesen sein dürfte. Zwar berichtet Stifter am 20. Februar 1848 seinem Bruder Anton, daß »Julie (...) sehr brav« sei und »viel Freude« mache, aber bereits zu Weihnachten 1851 muß er seinem Freund Heckenast mitteilen, daß Juliana »verloren gegangen« sei. »Sie ist fast 11 Jahre alt, die Besorgniß, daß sie umgekommen sei, ist nicht vorhanden, aber mein Schrek und meine Unruhe waren sehr groß. Wegen ihrer früheren Verwahrlosung und ihrem Hange zur Ungebundenheit war nebst der Abstammung von ihrem Vater, der in seiner Kindheit und Jugend 3 Mal durchging, wohl etwas Ähnliches zu erwarten.«
Den wahren Grund für Julianas Verschwinden hatte Stifter freilich verschwiegen. Sein Freund, der Maler Carl Löffler, berichtete, daß Amalia ihre Ziehtochter wieder einmal geschlagen hatte, woraufhin diese »das Haus verließ und in Angst und Eile hinter einem Pferde-Eisenbahn-Wagen so lange fortlief, bis sie erschöpft bei einem Gasthaus niedersank und von dem Gastwirt aufgenommen wurde.« Daß sich dieser Vorfall in einer Kleinstadt wie Linz mit seinen 26.600 Einwohnern in Windeseile verbreitete, versteht sich von selbst. Drei Wochen nach ihrem Verschwinden kehrte Juliana wieder zu ihren Zieheltern zurück, nachdem ihr Plan, sich bei einem Gastwirt als Dienstmädchen zu verdingen, gescheitert war. Stifter berichtete am 4. Januar 1852 Heckenast über den glücklichen Ausgang der Angelegenheit und kündigte gleichzeitig an, sich mehr um Juliana

kümmern zu wollen: »Ich danke Gott, daß ich wieder ruhig bin, durch Aufklärung, durch mehr Aufmerksamkeit auf das sehr begabte Kind, hoffe ich, das wilde lükenhafte und abentheuerliche ihres Wesens und ihres ersten Heranwachsens zu mildern, und etwas aus dem Geschöpfe zu machen.«

Wie es scheint, dürfte sich Stifter tatsächlich mehr um Juliana gekümmert haben, denn am 22. April 1857 verteidigte er sie in einem Brief an Heckenast vehement gegen den Vorwurf seiner Magd, daß ihr Juliana »ein 2 fl Silberstük und sieben St. Zwanziger gestohlen« hätte. »Da Julie nie auch nicht entfernt Grund gegeben hat, ihr so etwas zuzumuthen, so muß ich die Ehre der Waise mit allen Mitteln vertheidigen, und den Sachverhalt, der aller Wahrscheinlichkeit nach in der Verworrenheit des Gehirnes der Magd seinen Grund hat, heraus zu bringen suchen.«

Im Januar 1859 änderte sich aber Stifters Tonfall wieder merklich. So berichtete er Heckenast, daß er aufgrund einer Augenentzündung weder lesen noch schreiben konnte und »aus Bosheit« Epigramme dichtete, die er »der Julie« diktierte. »Sie sollte in einem erleuchteten Nebenzimmer sizen, in das ich aus meinem dunkeln die Epigramme hinaus riefe. Aber die Sache war zu lächerlich und die Epigramme wurden, je länger ich sie im Gedächtnisse hersagte, immer schlechter. Wenn Julie mir mit dem Lichte hinter einem Schirme sizend das Politische aus der allgemeinen Zeitung vorlesen sollte, war es nicht auszustehen, wie sehr man ihr anmerkte, daß sie gar nichts davon verstehe. Einmal las sie gar das Wort ›kreirt‹ (gründet, hervorbringt) einsilbig, wie man die erste Silbe in ›Geige‹ liest.«

Ob Stifter mit solchen Erziehungsmethoden dem einige Jahre zuvor formulierten Ziel, aus Juliana »durch mehr Aufmerksamkeit« etwas zu machen, tatsächlich näher kam, bleibt dahingestellt. Juliana jedenfalls scheint das Leben bei ihren Zieheltern nicht mehr ausgehalten zu haben, denn in den ersten Briefen, die Stifter nach der Genesung von seiner Augenkrankheit Ende April/Anfang Mai 1859 wieder selbst schreiben konnte, mußte er seinen engsten Freunden die traurige Mitteilung machen, daß Juliana Selbstmord begangen hatte. Dabei bemühte er sich bei der Schilderung der näheren Umstände dieses tragischen Vorfalls, den Verdacht einer möglichen Mitschuld erst gar nicht aufkommen zu lassen. Der detaillierteste Bericht ging am 6. Mai an seine Freundin Louise Freifrau von Eichendorff. Nach der Mitteilung, daß seine Nichte Josefa Mohaupt und seine zweite Ziehtochter Josefine Stifter, die allerdings nur kurz im gemeinsamen Haushalt in Linz gelebt hatte, vor wenigen Wochen gestorben waren, berichtete Stifter:

»Am 21ten März um 6 3/4 Uhr Morgens ging unsere erste Ziehtochter J u l i a n a M o h a u p t, die Sie kennen, aus unserer Wohnung. Am 25ten April erhielten wir die Beschreibung ihrer Leiche, die bei St. Georgen oberhalb Mauthausen an dem Donaustrande am 18ten April gefunden worden war, nachdem sie laut ärztlichen Ausspruch 3–4 Wochen im Wasser gelegen war. Das arme Mädchen war 18 Jahre alt. Fast mit Sicherheit haben wir die Vermuthung, daß sie ihrem Leben selbst ein Ende gemacht hat, weil sie einen Zettel hinterließ, auf dem stand: ›Ich gehe zu meiner Mutter in den großen Dienst.‹ Ihre Mutter aber ist seit 15–16 Jahren todt. Es kann aber auch sein, daß sie im Irrsinne verunglükte. So weit nehmlich bis jezt unsere Forschungen reichen, die ich unausgesezt überall, wo ich die geringste Auskunft hoffen kann, anstelle, dürfte eine Übersezung der Menstruation ins Gehirn die Ursache sein. Wir ahnten nicht das Geringste davon. (...) Sie war bis etwa 18 Stunden vor ihrem Fortgehen sehr fröhlich, ja lustig, tanzte und sang und deklamierte im ganzen Hause, ja oft im Vorhause und auf der Stiege. Um so weniger konnten wir so etwas ahnen, und doch machen wir uns jetzt die bittersten Vorwürfe, daß wir das Unglük nicht zu verhüthen gewußt haben. Sie hätte einem glüklichen Lose entgegen gehen können. Wir behandelten sie gut, sie bekam nie eine Strafe als nur Ermahnungen bei ihren Fehlern, und sie selber freute sich oft kindisch über Manches, was sie bekam, oder was ihr in Aussicht stand.«

Für Stifter war Julianas Tod ein zweifacher Schock: Zum einen wurde ihm bewußt, daß er als Ziehvater und Pädagoge versagt hatte, und zum anderen ereignete sich in seiner engsten Umgebung mit Julianas Selbstmord etwas, was ihn immer schon tief beunruhigt hatte. Bereits 1840 hieß es in den »Feldblumen«: »Wer einmal Selbstmord versuchte, der geht hinfüro unheimlich unter den übrigen Menschen herum.« Und ein Brief, den er wenige Monate nach Julianas Tod am 24. August 1859 an Gustav Heckenast schrieb, zeigt, wie sehr ihn das Selbstmordthema weiterhin beschäftigte: »Ein selbstgewählter Tod aber hat immer etwas Schauerliches, das sich nicht verwischt, und das desto schattenhafter gegen uns trit, je näher und theurer uns der Unglükliche war.«

Nach Julianas Selbstmord, der in Linz, diesem »Dorf mit Gasbeleuchtung«, natürlich zum Gesprächsthema wurde, zogen sich Stifter und Amalia für lange Zeit aus der Öffentlichkeit zurück. Er widmete sich seiner Einsamkeit und seinen Kakteen, sie schenkte ihre ganze Zuneigung dem Schoßhündchen Putzi. Stifter faßte die traurige Situation, in der sich Amalia und er nun befanden, mit den Worten zusammen: »Wir sind jezt allein, zwei entlaubte Stämme.«

Eineinhalb Jahre nach Julianas Tod nahm das Ehepaar

Stifter deren Schwester Katharina, die in Großwardein in Ungarn bei einem Branntweinhändler arbeitete, als Dienstmädchen bei sich auf. Kathi, wie sie genannt wurde, hatte sich am 18. Juli 1860 beim »vielgeliebten Herrn Schwager«, der in Wirklichkeit ihr Onkel war, mit den Worten vorgestellt: »Denn Sie können mich verwenden, sowohl zu der Küchen, zum kochen, backen, und arbeiten, als auch zum nähen, stricken, und flicken und m. a. H. Arbeiten, die ich bei den h. Schwestern gelernt habe, und sie noch heute känne.« Obwohl es auch zwischen Kathi und Amalia häufig zu heftigen Auseinandersetzungen kam, arbeitete sie bis zu Stifters Tod als Dienstmädchen im Linzer Haushalt.

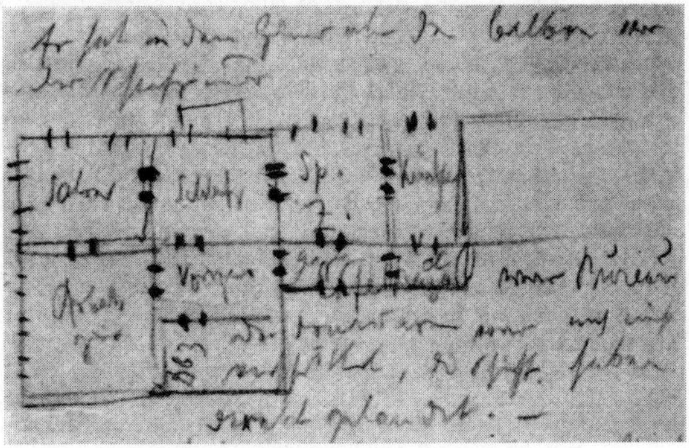

Skizze von Stifters Linzer Wohnung

»... WOHLFEILE UND AUSGEZEICHNETE FORELLEN.«

Im Oktober 1860 machte Stifter im Zuge einer Inspektionsreise, die ihn in das nordwestliche Mühlviertel führte, einen kurzen Abstecher nach Lackenhäuser zu seinem Bekannten Franz Xaver Rosenberger. Während dieses Aufenthalts dürfte Stifter, wie schon zuvor in den Jahren 1855 und 1856, wieder einmal Forellen gegessen haben, denn am 2. Dezember 1860 beklagte er sich aus Wien bei seiner Frau, daß er viel lieber in Lackenhäuser wäre, weil er dort »wohlfeile und ausgezeichnete Forellen« bekäme. Und am 20. Juni 1864, einen Monat vor Beginn seiner dreimonatigen Kur in Lackenhäuser, schrieb Stifter an Rosenberger, wie sehr er sich schon »auf die herrliche Luft das Wasser den Wald das gute Bier (davon ich aber jezt mäßigen Gebrauch machen muß) den guten Wein, der mir mehr zugestanden wird, die Forellen, ein kleines Spiel etc.« freue. Nach welchem Rezept Stifters Forellen zubereitet wurden, geht aus den vorhandenen Unterlagen nicht hervor. Die Forellenrezepte in Kochbüchern aus dem 19. Jahrhundert deuten aber darauf hin, daß Stifter seine Forellen »blau« gegessen haben dürfte, denn im 1805 erschienenen »Linzer Kochbuch« der Maria Elisabetha Niederederin steht die »blaugesottene« Forelle als Standardgericht ebenso an erster Stelle wie in Katharina Pratos »Süddeutscher Küche« von 1858 oder in Hnriette Davidis' »Praktischem Kochbuch« von 1844. Auch Robert Habs und L. Rosner bezeichnen in ihrem »Appetit-Lexikon« von 1894 jedes von »Forelle blaugesotten« abweichende Forellengericht als »Sünde« und »Narrheit«.

Allerdings muß Stifter die gebratene Forelle gekannt haben, denn in den »Nachkommenschaften« bestellt sich der Maler Friedrich Roderer zum Abendessen einmal einen »gebratenen Fisch«, der in einem »großen Bach« in der Nähe von Lüpfing gefangen wurde. Da mit Lüpfing Zipf gemeint ist, kann es sich bei dem »großen Bach« nur um den Redlbach oder um die Vöckla handeln, die von Zipf allerdings vier Kilometer entfernt ist.

Neben der »blaugesottenen« Forelle werden in den oben angeführten Kochbüchern noch folgende Rezepte genannt: »Forelle mit Butter«, »Forelle mit Essig und Öl«, »Forelle mit Himbeeressig«, »Forelle mit Sulze«, »Forelle in der Buttersoß«, »Faischirte* Forelle« und »Forelle gedünstet«. Das Fehlen eines Hinweises auf die gebratene Forelle in den erwähnten Kochbüchern ist insofern bemerkenswert, als sich die österreichische Küche des 19. Jahrhunderts ja gerade bei der Zubereitung von Fischen durch eine ungeheure Vielfalt an Möglichkeiten auszeichnete. Da gab es »Hecht in der Limoniesoß«, »Hausenmagen* in der Soß«, »Rutten* in der Sardellensoß«, »Asche* mit Schnittlersoß«, »Aal gefüllt und gebacken«, »Schleie in der blauen Sauce«, »Karpfen in Blutsauce«, »Wels mit warmer Sauce«, »Grundeln* geselcht«, »Blaufelchen* mit Sardellen« und so weiter.

Unter dem Stichwort »Fische« findet man im »Linzer Kochbuch« übrigens auch Rezepte wie »Biber in einer Soß«, »Fischotter in der Pastete«, »Gebackene Schildkröte« oder »Heißabgesottene Frösch«. Und bei Prato wird neben dem Fischotter, dem Biber und der Schildkröte sogar noch der Fischreiher zu den »Fischen und Fastentieren« gezählt. Der Grund für diese großzügige Erweiterung des Fischbegriffs war freilich eher profan. Da an den zahlreichen kirchlichen Fasttagen kein Fleisch, sehr wohl aber Fisch gegessen werden durfte, ging man bereits in den Klosterküchen des Mittelalters dazu über, jene Reptilien, Säugetiere und Vögel, die im oder am Wasser lebten, zu den Fischen zu zählen. Natürlich stand der Fisch auch im 19. Jahrhundert bei den Fastenspeisen an erster Stelle, aber wen es während eines Fasttages nach Fleisch gelüstete, der konnte ohne schlechtes Gewissen und unter Einhaltung der kirchlichen Vorschriften eine Portion »Fischreiher in brauner Sauce« oder eine »Schildkröte gebacken« verzehren. Köchinnen und Köche, die Gerichte wie »Schildkröte gebacken« oder »Schildkröte mit Weinsoß« zubereiteten, durften allerdings nicht zimperlich sein. Über das Töten von Schildkröten heißt es nämlich im »Linzer Kochbuch«: »Lege der Schildkröte ein glühendes Eisen auf den Rücken, hacke ihr dann den Kopf, die Bratzen und den Schweif weg, wasche sie so gut als möglich, und siede sie, bis die Schale herunter geht, putze die äußere Haut, Galle und Gedärme sauber weg ...«

In der Praxis konnten letztendlich weder die Schildkröte noch der Biber oder der Fischotter den »wirklichen« Fischen, die ja hierzulande nach wie vor in großen Mengen auf den Markt kamen, Konkurrenz machen. Die Zeiten allerdings, in denen man anläßlich einer Hochzeit 5.960 Forellen, 107 Lachse, 470 große Hechte, 1.374 Haupthechte, 15.800 Karpfen und 478 andere Fische verspeiste – so geschehen im Jahr 1578 auf der Prunkhochzeit von Wilhelm von Rosenberg zu Krumau in Böhmen – waren auch im 19. Jahrhundert längst vorbei.

Trotz des damals immer noch reichen Fischangebots nahm die Forelle aufgrund ihres delikaten Fleisches in Österreich und Deutschland eine Sonderstellung ein, und Habs und Rosner stellen in ihrem »Appetit-Lexikon« zu Recht fest, daß vornehmlich die Bachforelle »ein äußerst zarter und feiner Bissen von wunderbar reinem Geschmack ist, über dessen Erhabenheit höchstens ein Zungenblinder sich täuschen könnte.« Wenn Stifter von den »ausgezeichneten Forellen« in Lackenhäuser schwärmte, so ist anzunehmen, daß es sich dabei um Bachforellen handelte. Wahrscheinlich stammten Stifters Forellen aus der Großen Mühl, die in der Nähe von Lackenhäuser vorbeifließt und bereits im vorigen Jahrhundert als gutes Fischwasser galt. Habs und Rosner bezeichnen übrigens die Forellen aus der Vöckla, aus dem Salzkammergut und aus der Fischa als die besten Österreichs.

Von der Körperform ähnelt die Bachforelle der Regenbogenforelle, die allerdings erst 1882 durch Kreuzung mehrerer amerikanischer Forellenarten in Mitteleuropa eingeführt wurde. Typisch für die Bachforelle sind die vielen farbigen Punkte auf ihrem Körper und der leicht gelbliche Ton ihrer Bauchseite. Farblich gleicht sich die Bachforelle sehr stark den jeweiligen Gegebenheiten an und wird dann je nach Färbung als Weißforelle, Silberforelle, Goldforelle, Schwarzforelle, Waldforelle oder Steinforelle bezeichnet. Da die Bachforelle kühles, sauerstoffreiches und absolut sauberes Wasser braucht, kommt sie heute bei uns in ihrer natürlichen Umgebung nur mehr selten vor.

Was die Zubereitungsart betrifft, so gilt zwar »Forelle blau« nach wie vor als klassisches Fischgericht, aber gerade in jüngster Zeit hat die gebratene Forelle (»auf Müllerinart«) als Alternative zur gekochten immer mehr Anhänger gefunden. Als Folge davon haben sich unter den Fischexperten, beziehungsweise denen, die sich dafür halten, zwei Lager gebildet: Für die Puristen stellt die »Forelle blau« das feinste und zarteste Fischessen überhaupt dar, während für die Unorthodoxen eine Forelle mehr ist als die materialisierte Idee eines Prinzips, das zwar wie Butter auf der Zunge zergeht, aber dennoch immer gleich langweilig schmeckt. Wenn ich persönlich die gebratene Forelle bevorzuge, so

mag das damit zusammenhängen, daß ich die Forelle mit dem Blinker oder dem Köder fange und nicht mit der Fliege. Fliegenfischer tendieren eher zur »Forelle blau«, weil sie wahrscheinlich der Meinung sind, daß die klassische Zubereitungsart der Forelle der Eleganz des Fliegenfischens am ehesten entspricht.
Für die folgenden Gerichte ist es allerdings gleichgültig, ob der Fisch mit dem Netz, der Fliege, dem Blinker oder mit der Hand gefangen wurde, und es ist auch egal, ob es sich um eine Bach-, eine Regenbogen-, eine Lachs- oder eine Seeforelle handelt. Wichtig ist nur, daß der Fisch absolut frisch ist.

FORELLE BLAU (für 4 Personen)

4 frische Forellen zu je 250 g; 1/16 l Essig, 10 Pfefferkörner, 1 Lorbeerblatt, 1 Schuß Weißwein, 100 g Wurzelwerk, 80 g Zwiebeln, Salz; 4 Zitronenscheiben, Petersiliengrün

Bei »Forelle blau« dürfen die Fische beim Ausnehmen und Waschen nur sehr vorsichtig angefaßt werden, damit die Schleimhaut nicht zerstört wird, da diese später die schöne blaue Farbe ergibt. Die Fische mit einem scharfen Messer am Bauch vom Waidloch bis zu den Kiemen aufschneiden, ohne die Innereien zu verletzen. Diese von unten nach oben ausräumen, das Innere mit einem trockenen Tuch auswischen und mit dem Daumen das Blutgerinnsel an der Wirbelsäule entfernen. Die Forellen ganz vorsichtig waschen, auf einen Teller legen und mit etwas Essig begießen. In einem großen, ovalen Topf ca. 2 Liter Salzwasser mit in Scheiben geschnittenen Zwiebeln, blättrig geschnittenem Wurzelwerk, Pfefferkörnern, Lorbeerblatt, Essig und Weißwein zum Kochen bringen. Nach ca. 10minütiger Kochzeit zurückschalten, die Fische vorsichtig ins Wasser legen und ca. 10 Minuten ziehen lassen. Das Wasser darf nicht mehr kochen. Die Forellen sind gar, sobald die Augen als weiße Kügelchen heraustreten. Erschrecken Sie nicht, wenn die Fischhaut reißt; es ist das ein Zeichen dafür, daß der Fisch frisch ist. Die Fische vorsichtig aus dem Sud heben, abtropfen lassen und auf vorgewärmten Tellern servieren. Zitronenscheiben und Petersilie zum Garnieren verwenden. Als Beilage passen Petersilienkartoffeln oder Weißbrot.

Beim folgenden Rezepz handelt es sich um eine Variante der Forelle »auf Müllerinart«:

FORELLE GEBRATEN (für 4 Personen)

4 frische Forellen zu je 250 g; 8 EL Mehl, Salz, Pfeffer, 100 g Butter; für die Fülle: 4 Knoblauchzehen, 2 EL Öl, 1 EL Petersilie, 1 EL Basilikum, 8 Peperoncini

Forellen ausnehmen wie oben beschrieben. Die Fische gründlich waschen, innen und außen abtrocknen, salzen und pfeffern und kurz zur Seite legen. Für die Füllung Öl mit zerdrücktem Knoblauch, feingehackter Petersilie, feingehacktem Basilikum, kleingeschnittenen Peperoncini, Salz und Pfeffer gut durchmischen. Die Füllung im Inneren der Fische verteilen. Die Forellen auf beiden Seiten bemehlen. In einer großen Pfanne die Butter langsam erhitzen und die Fische hineinlegen, sobald die Butter heiß ist. Die Forellen dürfen nicht am Pfannenboden ankleben, sondern müssen »schwimmen«. Die Fische auf jeder Seite mindestens 10 Minuten langsam braten und darauf achten, daß die Butter nicht zu heiß wird. Die Fische vorsichtig mit zwei Bratenwendern oder einem Fischheber wenden. Während des Bratens einmal mit einem Löffel heiße Butter in das Innere der Fische geben. Die Forellen vorsichtig aus der Pfanne heben und auf vorgewärmten Tellern servieren. Als Beilagen passen Bratkartoffeln und grüner Salat, als Getränk kommt in unseren Breiten eigentlich nur ein Riesling in Frage. Allerdings ist auch das kein Dogma, denn es soll ja auch Leute geben, die zu Fisch Himbeersaft trinken und trotzdem glücklich sind. Auch das Beträufeln der Forelle mit Zitronensaft ist eine Geschmacksfrage, die jeder für sich entscheiden muß.

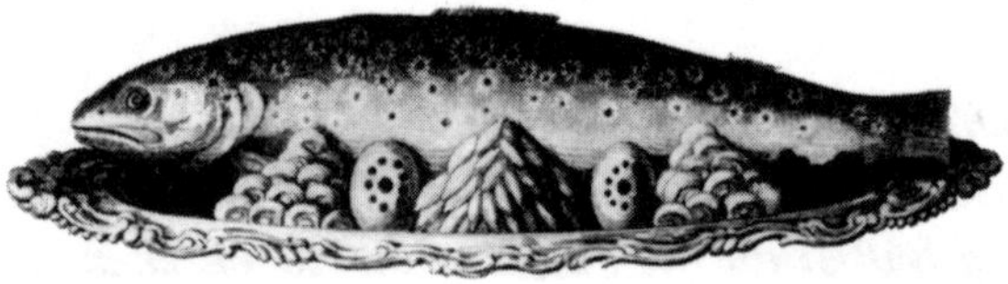

»... Dann harrt meiner eine ganze Ente.«

Im Zuge seiner Tätigkeit als Landesschulinspektor für die Volksschulen in Oberösterreich machte Stifter vom 28. November bis zum 10. Dezember 1861 eine Inspektionsreise, die ihn nach Frankenmarkt, Vöcklamarkt, Mattighofen, Schmolln und Feldkirchen bei Mattighofen führte. Von Mattighofen aus machte er einen privaten Abstecher nach Burghausen in Bayern. Selbstverständlich schickte Stifter auch von dieser Reise ausführliche Briefe an seine Frau, in denen er seine Tagesabläufe bis ins kleinste Detail schilderte. Insofern unterscheiden sich diese Briefe nicht von den dutzenden anderen, die Stifter bei ähnlichen Anlässen an Amalia schrieb. Das Überraschende an den Briefen von dieser Inspektionsreise ist allerdings, daß er plötzlich einen ganz neuen, bislang unbekannten Ton anschlägt. Stifter entpuppt sich hier als witziger, selbstironischer Autor und zeigt sich damit von einer Seite, die wir in dieser Form weder aus seinem literarischen Werk noch aus seinen anderen Briefen kennen. Besonders der Brief, den er am 29. November 1861 aus Frankenmarkt schrieb, ist in dieser Hinsicht ein Meisterwerk und als eigenständige literarische Miniatur wert, zur Gänze abgedruckt zu werden.

»Theure Gattin! Obwohl ich mich erst gestern von dir trennte, so gebietet mir mein Herz doch heute schon an dich zu schreiben; denn du bist mein Alles auf dieser Welt, und mit dir zu reden, und wenn es auch närrische Dinge sind, ist mir das Liebste, was es gibt. Und wenn ich nicht mit dir reden kann, so muß ich wenigstens an dich schreiben. Je mehr ich dich, wenn du auch ein empfindliches närrisches Weib bist, in deiner tief innersten Güte und in der Vortrefflichkeit deines Wesens kennen lerne, desto mehr liebe ich dich. Es ist beinahe eine Schande, wie sehr ich in dich verschossen bin, die du doch schon über 24 Jahre meine Gattin bist. Man muß es eben leiden, und den, der es ändern könnte und wollte, triebe ich mit dem Besen aus dem Zimmer. Ich will dir nun meine Reiseabentheuer schreiben. Mache dich auf Dummheiten gefaßt. Bei der Stadt Frankfurt (gemeint ist das auf dem Linzer Hauptplatz Nr. 34 gelegene Gasthaus »Zur Stadt Frankfurt«, fünf Gehminuten von Stifters Haus entfernt; Anm. K. P.) aß ich gestern etwas Weniges zu Mittag, dann fuhr ich auf den Bahnhof, und um 1½ Uhr auf der Eisenbahn dahin. Ich saß in meinem Pelze ganz allein in einer Abtheilung, that meinen grauen Hut weg, sezte die Haushaube, die ich in der Pelztasche hatte, auf, und schlief bis Lambach. Nach jener Zeit hob sich der Nebel, und ich sah allerlei schwere Wolken. In Vöklabruk hörte ich ein seltsames Geräusch, als wir hielten. In Timmelkam hörte ich beim Halten das Geräusch wieder, es schien auf dem Wagen oben. In Redel war es mir ganz deutlich. Es war ein entsezlicher Regen auf das Wagendach. Du weißt also schon, wie es auf dieser Reise mit mir und dem Regen steht. In Vöklamarkt goß es, in Frankenmarkt goß es noch mehr. Es war bereits finster. ›Station Frankenmarkt‹ rief der Conducteur, öffnete meinen Wagenschlag und ging davon. Ich stieg rükwärts aus, fand mit dem Fuße nicht den zweiten Tritt, meinte, es sei gar keiner, und mein Fuß müsse daher schon fast am Boden sein. Ich ließ oben mit der Hand aus, der Fuß war aber noch so weit vom Boden, daß er, als er ihn endlich berührte, ausglitschte, und ich rüklings auf das harte Pflaster des Bahnhofes nieder fiel. Das rechte Schienbein schlug ich mir an die Tritbretter an, der Rüken dröhnte, und der Kopf klang mir, als wäre er hohl. Ich stand auf, und hinkte in das Bahnhofvorhaus. Dort warf ich den Pelz, den ich nach dem

Falle aus dem Wagen genommen hatte, auf die Bank neben dem Eingange, und richtete mich, und befühlte mich ob etwas ab oder ein sei. Das Schienbein blutete nicht, es war nichts ab und nichts ein, der Kopf klang nicht mehr aber weh that er. Der Bahnträger brachte ewig den Koffer nicht. Endlich kam er damit. Der Kutscher, den der Postmeister zu jedem Zuge mit einem geschlossenen Wagen schikt, kümmerte sich um keinen Reisenden, sondern fuhr leer und ehrlich von dannen. Ich mußte Koffer und Mantel einem Bahnträger überlassen, der mir versprach, mir die Sachen später in den Markt hinauf zu tragen. Ich trat also in der Finsterniß allein meinen Weg an. Den Trost hatte ich, daß der Regen auf meinem grauen Hute bei weitem nicht so sehr trommelte als auf dem Dache des Eisenbahnwagens. In den einen Überschuh ging das Wasser hinein, den andern verlor ich immer, und trug ihn dann wie einen Krug in der Hand, und es regnete recht schön hinein. So kam ich endlich in der ziemlich weit oben liegenden Post an, und erfuhr dort, daß der Postknecht lange vor mir leer zurük gekommen ist. Der Wirt lieh mir einen Schirm, ich ging noch zum Pfarrer und Bezirksvorstand, und dann in mein warmes kleines Zimmer, zog die nassen Stiefel und Strümpfe aus, nahm meinen Hausanzug, und schrieb bis 9 Uhr am Witiko. Um 9 Uhr aß ich ein Schnizl mit Erdäpfelsallat*, trank 2 Seidl* Wein, und legte mich dann mit einer Cigarre nieder. Nachts etwas Schienbeinschmerz. Morgens schlechtes Obers zum Kaffeh, dann Schulinspection. Nach derselben Brief an Türk und Axmann, dann Gabelfrühstük. Um 12 Uhr Schulinspection. Um 2½ einsamer himmlischer Spaziergang bei warmen wolkenlosen Himmel und der entzükendsten Aussicht in die duftblauen und schneebedekten Gebirge (Traunstein schneelos, Höllengebirge oben Schnee, Ausseerberge voll Schnee). Um

3½ dieser Brief an dich. Dann folgt wieder Arbeit an Witiko bis 9 Uhr, dann harrt meiner eine ganze Ente. Mich hungert aber jezt schon so, daß ich glaube, ich esse zwei. Lebe wohl, ich schreibe dir bald wieder. Mein Fall hat gar keine andere Folge, als daß ich in Zukunft sehr acht geben werde. Tausend Tausend Küße, mein theures mein ewig geliebtes Weib.«
Stifter dürfte sich später an diese Ente in Frankenmarkt erinnert haben, denn in seiner 1864 erschienenen autobiographischen Erzählung »Nachkommenschaften« läßt er den Maler Friedrich Roderer in Lüpfing, also in Zipf, »in der lauen Abendluft« eine »Ente (...) wohlgebraten mit dem Rosenapfel in ihrem Innern« verspeisen. Zipf liegt ja nur elf Kilometer von Frankenmarkt entfernt.

Gebratene Ente (für 4 Personen)
1 Ente (ca. 2 kg), Kräutersalz, 1 Rosenapfel

Ente unter kaltem Fließwasser kurz waschen und trocknen. Innen und außen salzen und mit dem Apfel füllen. Ente in die Bratpfanne legen und im vorgeheizten Backrohr bei 200 Grad ca. 2 Stunden braten. Da die Ente genug Eigensaft produziert, muß man weder Wasser noch Fett in die Bratpfanne geben. Ente mit dem Bratensaft immer wieder übergießen. Während der letzten 10 Minuten auf 250 Grad schalten, damit die Haut knusprig wird. Ente herausnehmen und warmstellen. Überschüssiges Fett aus der Bratpfanne mit einem Löffel abschöpfen und Bratensaft mit etwas Wasser aufkochen. Ente tranchieren und mit Semmelknödeln und Rotkraut servieren.

Zum Apfel: In Deutschland und Österreich waren zum Zeitpunkt, als Stifter die »Nachkommenschaften« schrieb, 1.263 Apfelsorten bekannt. Er hat sich bei der Füllung der

Ente für einen »Rosenapfel« entschieden, obwohl es sicherlich dutzende andere Sorten gegeben hätte, die dafür ebenso geeignet gewesen wären. In diesem Sinne sollte der Hinweis auf den »Rosenapfel« nicht zu eng gesehen werden.

Semmelknödel (für 4 Personen)

4 Schneidsemmeln, 1 EL feingehackte Zwiebel, 1 EL Petersilie, 30 g Butter, 1/8 l Milch, 1 Ei, 100 g Mehl, 1 Prise Salz

Semmeln kleinwürfelig schneiden. Zwiebel und Petersilie in Butter leicht anrösten und über die Semmelwürfel gießen. Ei mit Milch versprudeln, salzen und mit den Semmelwürfeln verrühren. Ca. 15 Minuten stehen lassen und von Zeit zu Zeit durchmischen. Sobald die Masse weich ist, Mehl dazugeben und die Masse durcharbeiten. Kurz rasten lassen. Mit bemehlten Händen Knödel nach beliebiger Größe formen. In leicht kochendem Salzwasser 10 bis 15 Minuten mehr ziehen als kochen lassen. Den Topf nicht zudecken.

Blaukraut (für 4 Personen)

800 g Blaukraut, 1 Apfel, 1 TL Kümmel, 1 Prise Salz, Pfeffer; 80 g Schmalz, 20 g Zucker, 1 Zwiebel, Essig; 20 g Mehl, 1/8 l Rotwein

Feinnudelig geschnittenes Kraut mit geriebenem Apfel, Kümmel, Salz und Pfeffer gut durchmischen und zugedeckt und zusammengepreßt ca. 2 Stunden stehen lassen. Zucker im Schmalz karamelisieren, feingeschnittene Zwiebel dazugeben, goldgelb rösten und mit einem Spritzer Essig ablöschen. Kraut dazugeben, mit etwas siedendem Wasser übergießen und solange dünsten lassen, bis es weich ist. Zum Schluß mit Mehl stauben, mit Rotwein aufgießen und kurz nachdünsten.

»Lassen Sie mir noch 2 Eimer Szadai senden ...«

Gustav Heckenast war nicht nur Stifters Verleger, Beichtvater und Kreditgeber, sondern auch sein wichtigster Weinlieferant. Wie aus den Briefen an Heckenast hervorgeht, hat dieser allein zwischen Oktober 1857 und November 1862 mindestens 1.924 Liter Wein im Gebinde und 90 Flaschen »feineren Weins« von Budapest nach Linz geschickt. Diese Menge käme einem durchschnittlichen Jahresverbrauch von etwa 400 Litern gleich. Aus einem Brief an Heckenast vom 12. Oktober 1857 wissen wir allerdings, daß Stifters Verbrauch wesentlich höher war: »Mein jährlicher Bedarf dürfte in 8 bis 10 Eimer Tischwein und etwa 40–60 Flaschen feineren Weines bestehen.« Da ein Eimer 56,6 Litern entspricht, heißt das, daß Stifter jährlich zwischen 452 und 566 Liter allein an Tischwein konsumierte. Zum Vergleich: 1890 lag der durchschnittliche Weinverbrauch in Österreich-Ungarn bei 21,1 Liter pro Kopf, 1998 in Österreich bei 33,3 Liter. Zwar ließ sich Stifter neben dem Tischwein auch »feinere Weine« wie Sass Hegy, weißen und roten Visontai, Pateni und Tokai Bor schicken, aber die 40 bis 60 Flaschen, die er von diesen Sorten jährlich trank, fielen bei etwa 600 Liter Jahresverbrauch kaum ins Gewicht.

Stifter versuchte den Weinhandel mit Heckenast so zu gestalten, daß er die anfallenden Rechnungen nach Möglichkeit nicht bezahlen mußte, sondern zur Begleichung zu erwartende Honorare verwenden konnte. Zu diesem Zweck entwickelte er komplizierte Gegenverrechnungsmodelle, wie das Beispiel vom 12. Mai 1858 zeigt: »Zum Schlusse noch eine Weinangelegenheit. Für die Beigabe zu der lezten Sendung danke ich sehr. Sie war köstlich. Was ist der Sass Hegy? Ofner? Der ist ganz herrlich. Ich habe die Rechnung von 45 fl 50 kr noch nicht beglichen. (...) Wollen Sie die Güte haben, mir noch zwei Eimer Szadai im Gebünde senden, und dann zur Zahlung die Julirate verwenden. Sie könnten die Sache so einrichten, daß die Totalsumme der schuldigen 45 fl 50 kr und der neuen Sendung 100 fl betrüge.«

Und am 8. Oktober 1860 schreibt er: »Ich bitte, schiken Sie mir in zwei Zweieimergebinden 4 Eimer Szadai. Ich habe zwar den früheren noch nicht gezahlt; aber das thue ich mit einander, wenn ich die Schuld auf die 500 fl Actie an Sie völlig getilgt habe. Wenn Sie noch den guten Tokai Bor haben, von dem mir Elischer geschikt hat, so bitte ich um 24 Fläschchen. Nebstbei auch einen Eimer rothen Visonthai. So jezt ist alles aus.«

Selbst im Brief vom 26. April 1859, in dem Stifter Heckenast über den Selbstmord seiner Ziehtochter Juliana informierte, kam er noch auf eine Weinlieferung zu sprechen: »Ich muß mit etwas Geschäftlichem schließen. Ich habe Sie im Herbste gebethen, die Weinsendung von 4 Eimer 4 Maß Szaday durch die Dezemberrate auszugleichen. Sie thaten es nicht. Behalten Sie die Junirate zurük, und berechnen Sie den Wein. Der Rest der Rate, der mir gut bleibt, möge auf die neue Weinsendung hinüber genommen werden, die ich etwa im Juli brauchen werde.«

In einigen Briefen, die Stifter in der »Weinangelegenheit« an Heckenast schrieb, deutete er übrigens auch an, daß er sich durchaus darüber im klaren war, daß sein Alkoholkonsum etwas mit Sucht zu tun hatte. So schreibt er etwa am 24. August 1859: »... heben Sie mir 4–6 oder mehr Eimer Szadai auf, ich werde ihn bei kühlerer Jahreszeit, und wenn ich mehr Muße habe (jezt sind noch Prüfungen) bringen lassen. Zwei Eimer bitte ich aber sogleich, ich habe keinen Tropfen mehr, und wir sind zusammengewöhnt wie zwei Kameraden.« Und am 29. November 1859 fleht er Heckenast an: »Lassen Sie mir noch 2 Eimer Szadai senden, aber sogleich, ehe die Kälte eintrit, wenn ½ Eimer rother Visontai mitkommen könnte, wäre es mir sehr lieb. Ich werde Ihnen dann im nächsten Brief sagen, wann wir wieder abrechnen. Ich bitte aber die Sendung zu beschleunigen und der Dampfschiffahrt sogleiche Beförderung aufzutragen. Nach meiner Kenntniß des Wetters dürfte noch etwa 10–14 Tage gelindes Wetter sein. Ich komme mit meinem Vorrathe über den Winter nicht aus.«

Nach den Weinmengen zu schließen, die Stifter konsumierte, kann man davon ausgehen, daß er eher ein Wirkungs- als ein Genußtrinker war. Sein Grundsatz: »Mäßigung gibt Kraft« galt jedenfalls nicht für seine Beziehung zum Alkohol, und die durch die Alkoholsucht erfolgte Selbstschädigung könnte durchaus als eine Art »chronischen Selbstmords« interpretiert werden.

»Grosse Erregung im Puls.
Um 8 Uhr laues Bad.«

Aus Stifters Krankentagebuch »Mein Befinden«, das er auf Anraten seines Hausarztes Dr. Karl Essenwein zwischen 19. April 1864 und 10. April 1865 führte, sind wir über seine Eßgewohnheiten in diesem Zeitraum genauestens informiert. In diesem Tagebuch zeichnete Stifter mit ängstlicher Gewissenhaftigkeit seine körperlichen und psychischen Reaktionen auf die konsumierten Speisen und Getränke auf und hoffte dadurch, eine bessere Einsicht in die Dynamik seiner Krankheit zu gewinnen. »Mein Befinden« dokumentiert anschaulich Stifters Schwanken zwischen Bangen und Hoffen zu einer Zeit, als er bereits schwer krank war, entbehrt aber auch nicht einer gewissen, wohl unfreiwilligen Komik, wie die folgenden Ausschnitte zeigen. (Die von Stifter verwendeten Abkürzungen: »s. g.« für »sehr gut«, »S.« für »Suppe«, »R.« für »Rindfleisch«, »Sp.« für »Spargel«, »T.« für »Taube« und »Fr.« für »Frau« habe ich wegen der besseren Lesbarkeit des Textes aufgelöst.)

»19. April 1864: Den ganzen Tag Ängstlichkeiten.

20. Den ganzen Tag sehr gut (Rindfleisch gegessen sehr gut.)

23. Bis gegen 11 sehr gut dann eingenommen. (Suppe Rindfleisch gebr. Huhn gemischt. Sallat ziemlich gut geschmekt) etwas ängstlich bis Nachts. Nachts viel Husten (8½ – 9½) mit dünn. Schleim. Etwas Hize in der Nacht. Morgens etwas eingenomm. Kopf.

25. Bis Abends ausgezeichnet. Suppe Rindfleisch Taube Spargel sehr gut. Nachts infolge Zorns wegen der Frau unruhig.

28. Ausgezeichnet aufgestanden. Viel Verdruß mit der Frau. Suppe Rindfleisch Taube Spargel sehr sehr gut. Spazierfahrt 1 St. sehr gut. Abends sehr gut. Nacht ziemlich unruhig u. ängstlich. Ärger schuld daran?
30. Ausgezeichnet. Nacht gut. Suppe Rindfleisch ½ Haselhuhn Spargel sehr sehr gut. (...)
17. Mai: Ganzen Tag wie gesund. Abends Zorn mit Kathi. Große Erregung im Puls. Um 8 Uhr laues Bad. Mußte zur Beruhigung den Dr. holen lassen, Kirschlorberwasser nehmen. Nacht etwas unruhig.
20. Den ganzen Tag fast wie gesund. Nacht sehr gut.
22. Den ganzen Tag wie gesund.
25. Den ganzen Tag wie völlig gesund.
31. Bis Mittag wie ganz gesund. Viel Rindfleisch (hartes) gegessen. Gleich nach dem Essen Unruhe fast Ängstlichkeit. Wenig Jause genommen, Abends die Suppe nicht geschmekt. Nacht sehr gut.«

In dieser Tonart geht es seitenweise weiter, wobei sich Stifter nicht nur mit dem Essen beschäftigt, sondern zunehmend auch für die Beschaffenheit seines Stuhls interessiert. Der ist einmal »hart«, dann wieder »hinlänglich«, später »wässerig mit Knollen«, schließlich »sehr, sehr, sehr, sehr träge«, bis er dank der Einführung eines Zäpfchens endlich als »gut« befunden wird. Und in der letzten Eintragung vom 10. April 1865 stellt Stifter erleichtert fest: »Wie vollkommen gesund. Breiartiger Stuhl reichlich.«

Zu der Zeit, als Stifter sein Tagebuch führte, interessierte er sich aber nicht nur für seine eigenen Krankheiten, sondern auch für die seiner Frau. So berichtete er beispielsweise am 11. August 1864 seinem Arzt Dr. Essenwein: Amalia »klagte während des Trinkens über Sausen im Kopfe und diken Kopf. Das dauerte mit vielleicht kleinen Unterbrechungen fort. In der Nacht vom 31. Juli auf 1. August klagte sie (sie hatte Abends mit größtem Apetite ein kleines mit Rahm* bereitetes Schnizl gegessen) über Druk auf der Brust und später über Gedärmschmerzen. Es folgten heftige Magenwinde. Morgens mußte sie öfter auf den Stuhl gehen, es gingen aber nur Winde ab. (...) Am Vormittage wurde sie schlechter. Gegen Mittag brach sie viel grüne Galle.«

Das Tagebuch »Mein Befinden« ist exemplarisch für Stifters vergebliche Versuche, durch Selbsttäuschung einen Zustand herbeizuschreiben, der von der Wirklichkeit weit entfernt war. Je kränker er war, desto häufiger verwendete er die Worte »sehr sehr gut« und »gesund«. Mit Worten wollte er »diese fürchterliche Wendung der Dinge«, wie es in der Erzählung »Granit« einmal heißt, verhindern, ohne zu realisieren, daß sich diese längst vollzogen hatte. Anders als in seinen Briefen versuchte er in diesem Tagebuch keineswegs, das Verhältnis zu seiner Frau zu beschönigen. Während er hier häufig Auseinandersetzungen mit Amalia erwähnte, klangen in den Briefen, die er kurze Zeit später aus Lackenhäuser und Kirchschlag schrieb, ganz andere Töne an. Aus der sicheren Entfernung wurde darin seine Frau zu einem überirdischen Wesen hochstilisiert und mit Attributen versehen, die dem Phrasenrepertoire drittklassiger Liebesromane aus dem 19. Jahrhundert hätten entstammen können. Für Stifter wurde Amalia zu einem »Schaz von Rechtschaffenheit, Treue, Güte, Einfachheit, Häuslichkeit, Herzenstiefe, Liebe«, wie er am 10. Januar 1866 schrieb, und beim Anblick ihrer Fotografie, die er in seinem Zimmer in Kirchschlag auf dem Nachtkästchen stehen hatte, konnte er sogar dieser Erfindung, der er immer skeptisch gegenübergestanden war, etwas abgewinnen: »Und als ich wieder in mein Zimmer gekommen war, trat ich vor dein Bild und sah in die geliebten Züge, auf den treuen Mund, in das ehrliche Auge. Gott segne die Erfindung der Lichtbilder, mir ist sie jezt zum Segen geworden.« In dieser Phase drängte es ihn, auch seinen Freund und Verleger Gustav Heckenast über seine Gefühle zu informieren. Am 22. Januar 1866 schrieb er aus Kirchschlag: »Nach der stillen und schweigsamen Art meiner Gattin wußte ich nie, wie sehr sie mich liebte. Jezt brach die ganze Gewalt der Liebe hervor und sie erfuhr es selber erst. Bei mir war es auch so. (...) 28 Jahre mußten vergehen, bis wir dies erfuhren.«

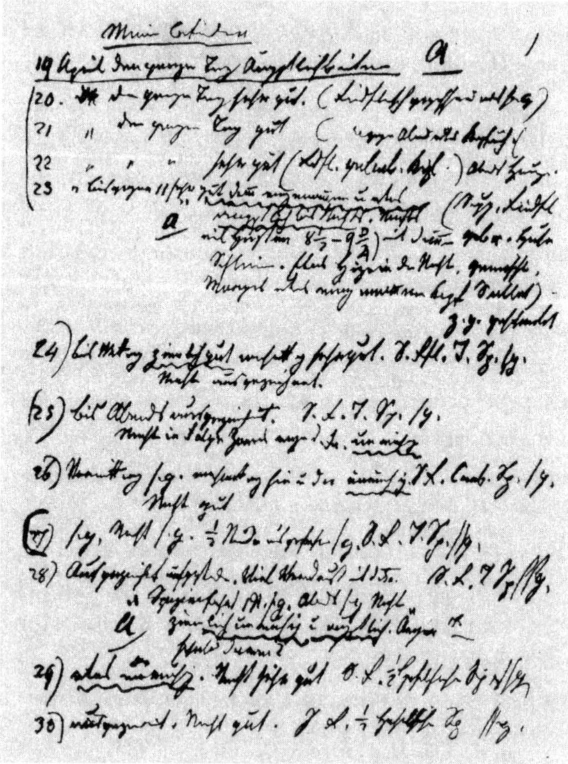

Aus Stifters Krankentagebuch »Mein Befinden«

»Auch die Taube ist so auserlesen gebraten ...«

In Hinblick auf Stifters Eßgewohnheiten bestätigt sich im Tagebuch »Mein Befinden« eine Tendenz, die sich auch aus den Briefen aus der Zeit um 1864/65 ablesen läßt, nämlich, daß damals neben Rindfleisch vor allem Geflügel zu seinen bevorzugten Speisen zählte. Außer Hühnern, Rebhühnern, Haselhühnern und Krammetsvögeln erwähnt Stifter vor allem Tauben als besonderen Leckerbissen.

Für Stifters Hausangestellte Kathi, die Köchin Marie oder das »Helferweib« Judith dürfte das Besorgen des jeweils gewünschten Geflügels kein großes Problem gewesen sein, da sich lediglich zehn Gehminuten von Stifters Haus entfernt der »Taubenmarkt« befand. Dort wurde bis in die achtziger Jahre des 19. Jahrhunderts an Sonntagvormittagen der Kleintiermarkt abgehalten, der dem Platz auch seinen Namen gab. Wenn Stifter am 12. Dezember 1865 aus Kirchschlag an Amalia schreibt, sie solle »fleißig nach Krametsvögel fragen. Oft haben ja auch Weiber auf dem Plaze einige«, so meinte er damit sicherlich den »Taubenmarkt«. Darüber hinaus konnte man Geflügel auf dem Wochenmarkt oder direkt beim Geflügelhändler kaufen.

Was die Taube betrifft, so kam diese bei Stifter sicherlich häufiger auf den Tisch als jedes andere Geflügel. Im Tagebuch »Mein Befinden« wird die Taube allein zwischen dem 25. April und dem 16. Mai 1864, also innerhalb von 22 Tagen, sechsmal als Gericht erwähnt:

»Suppe Rindfleisch Taube Spargel sehr gut.« (25. 4.)
»Suppe Rindfleisch Taube Spargel sehr sehr gut.« (28. 4.)
»Suppe Taube Spargel sehr sehr gut.« (7. 5.)
»Suppe Rindfleisch Taube Spargel sehr sehr gut.« (8. 5.)

»Suppe Rindfleisch Taube Spargel sehr sehr gut.« (10. 5.) »Mittags Rindfleisch sehr geschmekt Taube weniger.« (16. 5.) Außerdem bestellte sich Stifter im Frühjahr 1866 während seines Aufenthalts in Kirchschlag mehrmals Tauben bei seiner Frau und bedankte sich dann auch einmal überschwenglich für ein besonders schönes Exemplar: »Auch die Taube ist so auserlesen gebraten, wie man es hier nicht zuwege bringt.« Daß Stifter Tauben vor allem im Frühjahr aß, hing damit zusammen, daß die jungen Maitauben »zur Zeit der grünen Erbsen« als die besten ihrer Art galten.
Obwohl in Wien noch um 1890 jährlich etwa 750.000 Tauben verspeist wurden, gingen im 19. Jahrhundert die Meinungen über die kulinarischen Qualitäten dieses Vogels weit auseinander. So schreiben etwa Habs und Rosner im »Appetit-Lexikon«: »Eine Schüssel ersten Ranges bilden die Tauben noch lange nicht, denn die junge Taube an sich – die ältere kommt gar nicht in Betracht, weil sie ihrer Dürre wegen höchstens im Suppentopf verwendbar ist – stellt bei 75 % Wasser- und nur 1 % Fettgehalt einen so überaus magern Bissen vor, daß die Zartheit ihres Fleisches daneben gar nicht zur Geltung kommt. Bei der Taube sind daher Speck und Bratenbutter mindestens ebenso unentbehrlich, wie bei einer Schauspielerin die Schminke und das Lampenlicht, und man darf mit Grund behaupten, daß ihr Ansehen bei den Gastronomen weit mehr auf den Zutaten als auf ihrem eigenen innern Wert beruht – was freilich, wie man hört, auch beim Menschen bisweilen vorkommen soll.«
Dessenungeachtet enthält das »Linzer Kochbuch« von 1805 nicht weniger als 16 Taubenrezepte, darunter so ausgefallene wie »Taube gespicket mit Kaprisoß« und »Taube mit Sauerampfensoß*«. Auch Katharina Prato führt 1858 in der »Süddeutschen Küche« immerhin noch 11 Taubenre-

zepte an, wie etwa »Taube mit Krebsreis« oder »Taube mit Blutsauce«.

Auf die große Bedeutung der Taube als Nahrungsmittel weist auch der Umstand hin, daß es 1840 allein in der Wiener Innenstadt 40 fliegende Taubenhändler und 16 offene Läden gab, in denen diese Vögel angeboten wurden, wobei für die weite Verbreitung der Taube vor allem zwei Faktoren ausschlaggebend waren: Zum einen war sie leicht zu züchten, und zum anderen wurden ihr potenzfördernde und krankheitslindernde Eigenschaften zugeschrieben. Das dürfte auch der Grund gewesen sein, weshalb Stifter während seiner Krankheit so häufig auf die Taube als Nahrungsmittel zurückgegriffen hat.

Als Ergänzung zu der von Stifter erwähnten gebratenen Taube führe ich hier zwei ungewöhnliche Taubenrezepte aus dem »Linzer Kochbuch« und der »Süddeutschen Küche« an.

Tauben mit Sauerampfensoss

Schneide die jungen Tauben, eine jede zu 4 Theile, salze selbe ein, gieb sie in ein Kasterol* mit etwas Rindsuppe, laß es dünsten, dann gieb in ein anderes Kasterol ein Stückel Butter, laß ihn zerschleichen, gieb eine Handvoll geschnittenen Sauerampfen hinein, laß selben etwas dünsten, gieb die Tauben dazu, laß selbe auch mit dünsten, staube etwas Mehl oder Semmelbrösel daran, laß es anlaufen, gieb Rindsuppe, und das Herausgedünste von denen Tauben dazu, laß es aufsieden, gieb ein Paar Löffel Ram* dazu, und dann zur Tafel.

Gespickte Tauben

Man spickt die Tauben auf Brust und Schenkeln, salzt sie innen ein und dünstet sie mit in Fett angelaufener Zwiebel, einem Lorbeerblatt, etwas Wein und Suppe. Dann seiht man den Saft über die zerlegten Tauben und garniert die Schüssel mit gebackenen Schwarzwurzeln.

Gebackene Schwarzwurzeln

Man schabt die Schwarzwurzeln ab und legt sie in mit Essig gemischtes Wasser, schneidet sie hierauf in halbfingerlange Stückchen, spaltet die dickeren in 2 oder 4 Teile und läßt alle auf einem Tuch abtropfen. Dann dünstet man sie mit Suppe, Butter, Limonensaft, Salz und Zucker, dreht sie hierauf einzeln in Ei und in mit Mehl gemischte Brösel, bäckt sie in Schmalz und bestreut sie mit Salz.

»Ich soll Spargel essen.«

Wie dem Tagebuch »Mein Befinden« zu entnehmen ist, hat Stifter zur Taube am liebsten Spargel gegessen. Diese ungewöhnliche Kombination ging auf einen Rat von Dr. Karl Essenwein zurück, der seinem Patienten im Frühjahr 1864 aus gesundheitlichen Gründen den reichlichen Verzehr von Spargel dringend empfohlen hatte. Stifter nahm diesen Hinweis so ernst, daß er am 22. März 1864 sogar eine gute Bekannte in Wien, Auguste von Jäger, bat, für ihn Spargel zu besorgen: »Ich soll Spargel essen. Hier ist lange noch keiner. Ich lege 4 fl bei. Durchstöbern Sie mir Wien, ob schon einer da ist. Und wenn in Wien einer zum Vorscheine kömmt, so schiken Sie mir in einer Schachtel einen, und zwar immer so *wenig*, als zu haben ist, wenn auch dadurch für mich das Porto hinaufläuft, so macht es nichts, ich habe dann immer frischen und öfter einen. (...) Ich lebe überhaupt wie ein Känguruh von Pflanzenkost, und Spargel, sagt Dr. Essenwein sei Arznei für mich.«

Daß Auguste von Jäger bereits Ende März Spargel bekommen hat, ist eher unwahrscheinlich, da dieses Gemüse üblicherweise ja erst von Mitte April bis »Johanni« am 24. Juni gestochen wird. Und nachdem Stifter den Spargel in seinem Krankentagebuch nicht vor dem 25. April 1865 erwähnt, ist anzunehmen, daß es zu diesem Zeitpunkt bereits welchen in Linz auf dem Markt gab. Genaue Informationen über den damaligen Spargelkonsum liegen mir nicht vor, aber wenn man bedenkt, daß Ende des 19. Jahrhunderts allein in Wien 30 Tonnen Spargel verzehrt wurden, so kann man davon ausgehen, daß dieses Gemüse, das in Österreich seit der Römerzeit bekannt war, auch zu Stifters Zeiten eine große Rolle gespielt hat.

Spargel mit Schinken (für 2 Personen)

8–10 Stück Solospargel (ca. 800 g), Salz; 100 g Schinken, 20 g Butter; 8 Kartoffel, 1 EL feingehackte Petersilie, 30 g Butter

Spargel waschen, den Spargelschäler unterhalb der Spargelspitze ansetzen und so dünn wie möglich, aber gründlich nach unten abziehen. Zum Wurzelansatz hin nicht zu sparsam schälen. Die Spargelstangen auf gleiche Länge schneiden und bündeln. Spargel stehend in einem hohen Topf in Salzwasser ca. 15 bis 20 Minuten bei schwacher Hitze leicht kochen, die Spargelspitzen sollen dabei aus dem Wasser herausschauen. Der Spargel ist fertig, wenn er sich leicht durchstechen läßt. Mit einer Gabel den Spagat untergreifen und den Bund vorsichtig herausheben. In der Zwischenzeit Schinken in der Butter erhitzen. Kartoffeln, die man parallel zum Spargel gekocht hat, mit Butter und Petersilie anrichten. Spargel mit Kartoffeln und Schinken auf vorgewärmten Tellern servieren.

»Trinke keinen Tropfen Linzer-jauchenwasser mehr.«

Während seiner Kuraufenthalte in Kirchschlag in den Jahren 1865, 1866 und 1867, die insgesamt fünf Monate dauerten, ließ sich Stifter von seiner Frau nicht nur reichlich mit Lebensmitteln versorgen, sondern auch mit anderen Waren des täglichen Bedarfs wie etwa langen Unterhosen, Fäustlingen, Pelzstiefeln, Farben, Terpentin, Papier, Tinte, Zigarren, Kerzen, Zündhölzern, Obstmesser, Nadel und Zwirn. Selten legte Amalia ihren zahlreichen Lieferungen auch einen Brief bei, da sie, im Gegensatz zu Stifter, nie wußte, worüber sie schreiben sollte. Am 10. März 1866 machte sie allerdings eine Ausnahme und teilte ihrem Mann mit: »Heute übersüke ich Dir Wäsche, und etwas Gemüß, und eine Taube, lasse Sie Dir gut schmeken, ich bin Gesund, was ich auch von Dir wünsche, und hoffe recht bald, wieder von Dir, ein Schreiben über Deine Gesundheit, zu erhalten, was immer meine einzige Freude ist, wenn ich von Dir etwas höre, und wieder weiß wie es Dir geht, so nimm die herzlichen Grüsse und Kisse von Deiner Dich liebenden Gattin Amalie Stifter.«

Bereits einen Tag später bedankte sich Stifter bei Amalia überschwenglich »für den lieben Inhalt des Briefes« und dichtete: »Ein Brief von dir ist mir immer, wenn ich von dir abwesend war, wie ein holdes Glük erschienen; jezt aber, da ich so oft und so lange mit siechem Körper von dir getrennt sein muß, ist er mir ein wahres Labsal, und faßt mich immer mit einem Gefühle, welches das reinste Entzüken ist.«

In seinen letzten Jahren wurde Kirchschlag als Rückzugsort für Stifter immer wichtiger, und er versuchte im Brief-

wechsel mit Amalia den Anschein zu erwecken, als hätte diese Flucht aus Linz mehr mit seiner Krankheit und weniger mit ihr zu tun.
In Kirchschlag wohnte Stifter im Gasthaus Haiböck, dem sogenannten Badhaus, das von seiner Linzer Wohnung genau 16 Kilometer entfernt war. Für diese Strecke benötigte ein Pferdefuhrwerk bzw. ein Fiaker, je nach Wetterlage und Zustand der Straße, zwischen 2½ und 4½ Stunden. Daß eine Fahrt von Linz nach dem auf 894 Meter Seehöhe gelegenen Ort Kirchschlag durchaus anstrengend sein konnte, belegt ein Brief Stifters an seine Frau vom 1. März 1866: »Wir sind auf dem sehr schlechten Wege in 4½ Stunden hieher gefahren. Von der Glasau herüber war es martervoll. Es waren sehr warme Tage vorausgegangen, der Boden war erweicht, und in der Nacht von gestern auf heute ist ein mörderischer Schnee gefallen, durch den die Räder in den Koth einschnitten, und durch den wir uns herüber kneten mußten.« Aus einem Brief Stifters vom 24. Juni 1867 wissen wir auch, daß eine bestellte Fahrt mit dem Fiaker von Kirchschlag nach Linz 6 Gulden kostete. Zum Vergleich: Ein Ausseer-Lodenmantel kostete damals 8 Gulden. Heute zahlt man für eine Fahrt mit dem Autobus von Kirchschlag nach Linz S 50,– und für einen klassischen Herren-Lodenmantel etwa S 5.200,–.
Natürlich verwendeten Stifter und seine Frau für die fast täglichen Sendungen zwischen Linz und Kirchschlag nicht nur die teuren Fiaker und Fuhrwerke, sondern ließen die Lieferungen auch von diversen Knechten, Dienern und Stubenmädchen besorgen, die den Weg zwischen den beiden Orten zu Fuß zurücklegten.
Wie aus dem Briefwechsel zwischen Stifter und seiner Frau hervorgeht, dürfte der Warenaustausch zwischen Linz und Kirchschlag im großen und ganzen problemlos funktioniert

haben, denn nicht nur Amalia schickte das von ihrem Mann Gewünschte nach Kirchschlag, auch Stifter schickte seiner Frau Kartoffeln, Butter oder Obers sowie das berühmte Kirchschlager Wasser, für das es sogar ein eigenes Wasserfuhrwerk gab. Stifter war von der heilenden Wirkung dieses Wassers so überzeugt, daß er es seiner Frau anstelle des Linzer Wassers, das er »gar nicht trinken« konnte, dringend empfahl. Am 12. Juni 1866 bat Stifter seine Frau aus Lackenhäuser, »keinen Tropfen Linzerjauchenwasser« mehr zu trinken, und ein halbes Jahr später warnte er sie neuerlich: »Trinke ja kein Linzerwasser, ich habe bereits die Anstalt getroffen, daß du es wieder von Kirchschlag bekömmst.«

Das Gasthaus Haiböck in Kirchschlag

»... Paprikahuhn minder.«

Daß Stifter Zeit seines Lebens gebratene und gebackene Hühner äußerst schätzte, kann insofern nicht überraschen, als das Huhn spätestens seit Beginn des 19. Jahrhunderts zu einem fixen Bestandteil der österreichischen Küche zählte. Allerdings trifft das Klischee von der Fixierung des Österreichers der Biedermeierzeit auf das Back- und Brathendl nicht wirklich zu, denn bereits in den Kochbüchern der damaligen Zeit finden sich unzählige Rezepte zur Zubereitung dieses allseits geschätzten Federviehs. Allein das »Linzer Kochbuch« enthält 27 verschiedene Huhnrezepte, und Katharina Prato führt in der »Süddeutschen Küche« immerhin noch 25 an. Die Million Hühner, die um 1850 allein in Wien mit seinen 430.000 Einwohnern auf den Markt kam, wollte man ja nicht nur als Back- und Brathendl verzehren, sondern auch »auf türkische Art«, »mit Krebsfaischirtem« oder »à la Marengo«. Trotzdem war Ende des 19. Jahrhunderts das »Wiener Backhendel« im Ausland bereits so populär, daß es Habs und Rosner sogar als Teil der »österreichischen Culturgeschichte« bezeichneten.

In seinem Aufsatz »Aus dem alten Wien« schwärmte Stifter bereits 1844 von »gebackenen Hühnern«, zwanzig Jahre später, am 23. April 1864, schmeckte ihm das »gebratene Huhn mit gemischtem Sallat« immer noch »ziemlich gut«, und am 19. März 1866 bedankte er sich bei seiner Frau herzlich dafür, daß sie ihm »ein so wunderschönes auserlesenes gebratenes Huhn« zugeschickt hatte. Auch von einem Kuraufenthalt in Lackenhäuser meldete er Amalia am 27. Juli 1866 den Verzehr eines »Brathuhns mit gelben Rüben«, zwei Wochen später den eines »Brathuhns mit neuen Kartoffeln«, und noch vier Monate vor seinem Tod erfreute sich Stifter in Kirchschlag an einem »Brathuhn mit ganz ausgezeichneten Kartoffeln.« Lediglich einmal hatte Stifter an einem Huhn etwas auszusetzen, und zwar am 13. Mai 1864, da schmeckte ihm das Paprikahuhn nämlich nur »minder«. Es ist zwar möglich, daß die Köchin Marie an diesem Tag nicht ganz bei der Sache war, wahrscheinlicher ist aber, daß das Paprikahuhn nicht zu Suppe und Rindfleisch paßte, die an diesem Tag vor dem Huhn serviert wurden. Unter normalen Umständen reicht jedenfalls ein Paprikahuhn für zwei Personen als Hauptspeise.

PAPRIKAHUHN (für 2 Personen)

1 Brathuhn (ca. 1,2 kg), Salz, Pfeffer, Butter; 1 große Zwiebel, 1 Knoblauchzehe, 20 g Edelsüßpaprika, ¼ Liter Wasser; 1/8 Liter Sauerrahm, 20 g Mehl

Brathuhn in vier Teile schneiden, salzen, pfeffern und in einer Pfanne mit heißer Butter auf beiden Seiten anbraten. Das Fleisch herausnehmen und warmstellen. Im Bratrückstand feingehackte Zwiebel und zerdrückten Knoblauch anrösten, die Pfanne vom Herd nehmen, Paprika unterrühren und das Ganze mit Wasser aufgießen. Wieder auf den Herd stellen, kurz aufkochen lassen, die Fleischstücke dazugeben und bei schwacher Hitze in der zugedeckten Pfanne etwa ½ Stunde dünsten. Fleisch aus der Pfanne nehmen und warm stellen. In der Zwischenzeit Sauerrahm und Mehl mit etwas Wasser verrühren und die Sauce damit binden. Die Fleischteile dazugeben und kurz aufkochen lassen. Als Beilage passen Mehlnockerl und grüner Salat.

MEHLNOCKERL (für 4 Personen)

300 g glattes Mehl, 1 Ei, 3/16 Liter Milch, Salz; Butter

Mehl, Ei, Milch und Salz zu einem »schlampigen« Nokkerlteig verrühren, den man nicht rasten läßt. Aus der Teigmasse mit einem nassen Teelöffel Nockerl ausstechen und in Salzwasser ca. 10 Minuten kochen. Nockerl abseihen, kalt abschwemmen, kurz in heißer Butter schwenken und mit dem Paprikahuhn servieren.

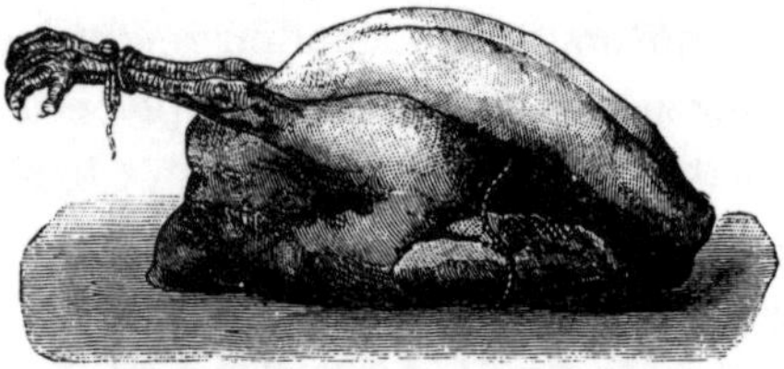

»... NUR DER STRIZEL IST DRINGEND.«

Nach einem Kuraufenthalt in Lackenhäuser, der dieses Mal vom 2. Juli bis zum 11. Oktober 1865 dauerte, machte Stifter eine kurze Zwischenstation in Linz, ehe er zu seinem nächsten Kurort Kirchschlag weiterzog. Die wenigen Tage in Linz hatten Stifter aber bereits wieder so deprimiert, daß er am 15. Oktober an seinen Gastgeber in Lackenhäuser, Franz Xaver Rosenberger, schrieb: »In Linz fühlte ich mich wieder völlig unglüklich, das Wasser kann ich gar nicht trinken, die Luft drükt mich, und ich empfinde die zwei Tage her stets eine Beklemmung auf der Brust.« Eine Ursache für Stifters »Beklemmung auf der Brust« waren sicher die ständigen Streitereien mit seiner Frau. Stifter, den Amalia nach Lackenhäuser begleitet hatte, wo sie sich aber sehr unwohl fühlte, wollte in Zukunft nur noch ohne Begleitung seiner Frau zur Kur fahren. Gegenüber Rosenberger begründete er diese Entscheidung allerding so: »Meine Gattin lasse ich von Linz nicht weg, Linz thut ihr sehr gut.« Daß Stifters Abreise aus Linz überstürzt erfolgt sein muß, geht meines Erachtens aus dem Schluß des Briefes hervor, den er am 18. Oktober an Amalia schickte:
»Sende mir gütigst folgende Gegenstände:

1. Mein altes Stück Strizel, oder wenn dieses nicht mehr da ist, ein neues
2. Ein Fläschchen Terpentin
3. Das Fläschchen Trokenöhl
4. Eine Schachtel Brausepulver
5. Das Vergrößerungsglas
6. Fleischextrakt von Vielgut und auch von München
7. Eine Gattiehosen*
8. Nadel und Zwirn.«

Um ihrem Gatten den Aufenthalt in Kirchschlag so angenehm wie möglich zu machen, bemühte sich Amalia um die prompte Erfüllung seiner Wünsche. Und so wurden von Stifters Wohnung an der Donaulände zum Gasthaus Haiböck in Kirchschlag neuerlich Lebensmittel geliefert, wobei auffällt, daß Stifter gerade während dieses Aufenthalts bei Amalia sehr oft Striezel bestellte.
Nachdem ihm seine Frau bereits Ende Oktober einen geschickt hatte, bat er sie am 6. November 1865 um eine weitere Lieferung: »S t r i z e l geht sehr zu Ende. (...) Alles hat noch ein Bischen Zeit, nur der Strizel ist dringend.« Am 11. November bestätigte Stifter den Erhalt des bestellten Striezels, aber bereits am 13. November schickte ihm Amalia anläßlich ihres 28. Hochzeitstages einen weiteren und legte der Sendung einen Brief bei: »... und auch habe ich mir für diesen Tag einen Strizel baken lassen, wovon ich dir auch ein Stük sende daß Du dir ihn an diesen Tag wohl schmecken lassen solst, mir geht es so weit gut, und Wünsche und Hoffe daß es Dir auch gut geht, und ich lebe in der besten Hoffnung Daß der liebe Gott meine so wie Deine Wünsche erfüllen wird.«
Stifter war von diesen Worten Amalias so gerührt, daß er ihr zwei Tage später, genau am 28. Hochzeitstag, zurückschrieb: »Ich sage dir den innigsten treuherzigsten und heißesten Dank für deine liebevolle feierliche und fromme Gesinnung, und ich glaube außer dem Gebete zu Gott, das ich heute für Dich verrichtet habe, den Tag nicht besser ehren zu können, als daß ich dir den Dank für dein schönes Herz in diesen Zeilen ausdrüke. Ich hab eigens diesen geheiligten Tag für die Darlegung meines Dankes bestimmt.«
Den Striezel erwähnt Stifter in diesem Brief zwar nicht, aber daß er ihm geschmeckt haben dürfte, geht aus einem Brief vom 26. November hervor, in dem es heißt: »Der Strizel

wäre äußerst dringend, ich habe nur ein kleines Stükchen mehr. Nicht wahr, ich verzehre hier viel?« Am 8. und am 12. Dezember 1865 wurden von Stifter weitere Striezel-Lieferungen bestätigt.
Um welche Art von Striezel es sich im vorliegenden Fall gehandelt hat, läßt sich aufgrund des Briefwechsels zwischen Stifter und seiner Frau zwar nicht sagen, aber es ist anzunehmen, daß es »klassische« Germstriezel waren, die von Linz nach Kirchschlag geschickt wurden.

Striezel (1 Stück)

¼ l Milch, 2 EL Kristallzucker, 1 Packung (42 g) Germ; 700 g Mehl, 1 Prise Salz, 1/8 l Obers, 1 Packung Vanillezucker, 2 EL Öl, 2 Eier, 2 EL Rosinen; Butter*

Milch anwärmen und vom Ofen nehmen. Zucker mit der Milch verrühren. Germ in die lauwarme Milch hineinbröseln und an einem warmen Ort ca. 10 Minuten aufgehen lassen (Dampfl). Gesalzenes Mehl in eine Teigschüssel geben und eine kleine Vertiefung machen. Dampfl dazugeben und mit dem Kochlöffel umrühren. Obers leicht anwärmen, vom Ofen nehmen und mit Vanillezucker, Öl und Eiern mit einem Schneebesen durchschlagen. Das Ganze mit der Dampfl-Mehlmischung und den Rosinen zu einem Teig kneten. Den Teig an einem warmen Ort 10 Minuten gehen lassen und noch einmal durchkneten. Den Teig auf das Doppelte aufgehen lassen, in drei Teile teilen und Rollen formen, aus denen ein Zopf geflochten wird. Pfanne mit zerlassener Butter ausstreichen, den Striezel hineingeben und ebenfalls mit zerlassener Butter bepinseln. Den Striezel in der Nähe des Ofens noch einmal ca. 30 Minuten aufgehen lassen. Das Backrohr 10 Minuten vorheizen und den Striezel bei 175 Grad ca. 50 bis 60 Minuten backen.

Eine andere Variante der Striezel-Zubereitung findet sich in Katharina Pratos »Süddeutscher Küche«:

GEFLOCHTENE STRIEZEL MIT TEIG OHNE EI

Man bereitet Teig von 7 Deziliter* Mehl, 10 Deka* Butter, 10 Deka Zucker, 2 Deka mit Obers und etwas Mehl zu Dampfel gesetzter Germ, etwas Salz und so viel lauem Obers, daß er ziemlich fest ist, knetet ihn, bis er Blasen hat, und läßt ihn aufgehen. Dann gibt man ihn auf das gewärmte, bemehlte Brett, teilt ihn in 3 Stücke von verschiedener Größe, flicht aus dem größten einen vierfachen, aus dem kleineren einen dreifachen und aus dem kleinsten einen zweifachen Zopf, legt die Zöpfe auf dem Bleche so übereinander, daß sie einen Striezel bilden, läßt den Striezel gehen, bestreicht ihn dann mit Ei und bäckt ihn, nachdem man in jeden vorstehenden Zopfteil eine halbe abgezogene Mandel gedrückt hat.

»Thee mit Haselhuhn sehr sehr sehr gut.«

Während im 19. Jahrhundert Hühner, Tauben, Rebhühner und Krammetsvögel in rauhen Mengen auf den Markt kamen, gehörte das Haselhuhn zu jenen Spezialitäten, die es nur äußerst selten im Handel gab. Aus einer Jagdstatistik für 1874 geht beispielsweise hervor, daß in jenem Jahr in Österreich lediglich 3.372 Stück dieses Wildgeflügels erlegt wurden, davon in Oberösterreich 283. Zum Vergleich: In Rußland kamen 1874 insgesamt drei Millionen Haselhühner auf den Markt, und noch heute werden in Sibirien Haselhühner als »lebende Konserven« bezeichnet.
Auch die Tatsache, daß in den meisten Kochbüchern des 19. Jahrhunderts nur ein einziges Haselhuhnrezept zu finden ist, nämlich »Haselhuhn gebraten«, deutet darauf hin, daß dieses Tier in der Küche jener Zeit wegen seiner Seltenheit keine große Rolle gespielt haben dürfte. Insofern überrascht es auch nicht, daß Anna Dorn in ihrem »Großen Wiener-Kochbuch« von 1827 für den Jahres-Speisezettel zwar 240 Geflügelgerichte empfiehlt, dabei aber das Haselhuhn nicht einmal erwähnt.
In Stifters Briefen und im Tagebuch »Mein Befinden« spielt das Haselhuhn zwar nur eine untergeordnete Rolle, wenn es aber erwähnt wird, dann als besondere Spezialität. Nachdem er am 5. März 1865 ein Haselhuhn verspeist hatte, notierte er zum Beispiel begeistert in sein Tagebuch: »Jause Thee mit Haselhuhn sehr sehr sehr gut«, und als ihm Amalia anläßlich des 28. Hochzeitstages am 15. November 1865 ein Haselhuhn nach Kirchschlag schickte, bedankte er sich bei ihr mit den Worten »Tausend Dank für das Haselhuhn.«
Durch Stifters lobende Erwähnung neugierig geworden,

wollte ich mir im Zuge der Vorarbeiten zu diesem Buch ein Haselhuhn besorgen, um es nach einem einfachen Rezept aus dem vorigen Jahrhundert zuzubereiten. Da ich mir unter einem Haselhuhn nichts Konkretes vorstellen konnte, blätterte ich zunächst einmal in einem Lexikon und erfuhr dort, daß das Haselhuhn zur Familie der Rauhfußhühner (Tetraoinae) gehört, daß es im Mischwald lebt und ausgewachsen etwa 400 Gramm wiegt. Näheres über die Art seines Fleisches erfuhr ich aus Karl Duchs »Handlexikon der Kochkunst« von 1961: »Das weiße zarte Fleisch des Haselhuhns ist sehr saftig. Typisch ist der bittere Geschmack, der vom Genuß der Tannensprossen herrührt. Er kann durch Einlegen des Fleisches in Milch gemildert werden.« Die drei Rezepte, die ich im »Linzer Kochbuch«, in der »Süddeutschen Küche« und im »Handlexikon der Kochkunst« fand, klangen durchwegs einfach: Haselhuhn salzen, mit Speck umhüllen und ca. 20 Minuten braten.
Solcherart informiert, ging ich in ein Wild- und Geflügelgeschäft, um einige Haselhühner zu kaufen. Die Dame, mit der ich im ersten Laden sprach, reagierte auf meinen Wunsch etwas überrascht und sagte mir, daß sie gar nicht gewußt hätte, daß es Haselhühner überhaupt noch gäbe. Der zweite Wild- und Geflügelhändler, den ich aufsuchte, verstand mich überhaupt nicht, bot mir einen Hasen und ein Huhn an und meinte, daß er von einem Hasenhuhn noch nie etwas gehört hätte. Der dritte Händler erklärte mir schließlich, daß man in Österreich bestenfalls ein ausgestopftes Haselhuhn bekäme und daß ich mich zu diesem Zweck mit einem Jäger in Verbindung setzen solle. Nachdem ich noch zehn weitere Wild- und Geflügelhändler angerufen hatte und mir zwar Perlhühner, Wildtauben, Wachteln, Enten und Gänse, aber keine Haselhühner angeboten wurden, wollte ich das Unternehmen Haselhuhn

schon aufgeben. Durch Zufall gelangte ich dann allerdings über eine befreundete Ornithologin an die Telefonnummer eines gewissen Franz Hafner, von dem sie behauptete, daß er mir jedes Haselhuhn in Österreich besorgen könne. Weiters erzählte sie mir, daß Herr Hafner gerade von einer langjährigen Forschungsreise aus Sibirien zurückgekommen war, wo er sich unter anderem mit Haselhühnern beschäftigt hatte.

Bereits zwei Tage später traf ich Franz Hafner, der mir bereitwillig jede Frage zum Haselhuhn beantwortete. Zum Beispiel, wo es in Österreich vorkommt (Steiermark, Niederösterreich, Oberösterreich), was es frißt (die Knospen von Haselstauden, Birken oder Erlen, Insekten, frische Gräser, Heuschrecken, Fliegen, Raupen und Beeren), wann es am besten schmeckt (zwischen September und April), wie es gejagt wird (mit Netzen und Schlingen bzw. mit dem Kleinkalibergewehr) usw. usf. Schließlich erklärte er sich auch bereit, mir ein Haselhuhn und »noch irgendeinen anderen Vogel« zu besorgen.

Bei unserem nächsten Treffen überreichte mir Franz Hafner dann einen Sack, in dem sich zwei Vögel befanden, die mir gänzlich unbekannt waren: ein Haselhuhn und eine Auerhenne. Als ich meinem »Vogelhändler« erklärte, daß ich keine Ahnung hätte, wie diese Vögel zu rupfen und auszunehmen wären, lachte er nur und meinte, das könne man ja lernen.

Spätestens jetzt wurde mir klar, daß bei diesem Haselhuhn-Auerhennen-Abenteuer ein Mitstreiter fehlte, und glücklicherweise erklärte sich Franz Blaas, ein aus Oberösterreich stammender Maler und Schriftsteller mit einem Naheverhältnis zu Stifter, bereit, mit mir das Haselhuhn-Auerhennen-Essen für einige Freunde und Bekannte vorzubereiten.

Und so standen Franz Blaas und ich eines schönen Vor-

mittags etwas ratlos mit den beiden ungerupften Vögeln in der Küche. Da wir aber beide auf dem Land aufgewachsen sind, konnten wir uns erinnern, daß unsere Großmütter zum Hühner- und Entenrupfen eigentlich nur einen Kübel mit sehr heißem Wasser brauchten. Beides war in der Küche vorhanden, also widmeten wir uns zunächst einmal dem Haselhuhn, das mitsamt den Federn 410 Gramm wog. Die Auerhenne war mit 820 Gramm genau doppelt so schwer.
Das Rupfen eines Haselhuhns stellt kein großes Problem dar, wenngleich man darauf achten muß, daß man mit den Federn nicht auch die Haut des Vogels herunterreißt. In den alten Kochbüchern steht, daß man die Haselhühner nach dem Rupfen absengen soll. Das ist nach unserer Erfahrung aber nicht unbedingt notwendig, da die wenigen Flaumhaare beim Braten ohnehin verbrennen. Der nächste Arbeitsgang, das Ausnehmen, stellte sich angesichts der Tatsache, daß der Vogel ohne Federn mit freiem Auge kaum noch zu sehen war, schwieriger dar als erwartet. Nach ein paar Versuchen schafften wir es jedoch, das Haselhuhn so auszunehmen, daß wir einzelne innere Organe für die Suppe verwenden konnten. Nach der Entfernung des mit Körnern prall gefüllten Kropfs brachte das küchenfertige Haselhuhn gerade noch 240 Gramm auf die Waage. Bei neun Gästen bedeutete das Portionen von nicht ganz 30 Gramm Haselhuhnfleisch.
Aber da war ja immer noch die Auerhenne mit ihren 820 Gramm. Franz Hafner hatte mir gesagt, daß diese Henne vier Monate alt wäre, was mich insoweit beruhigte, als in zahlreichen Kochbüchern des 19. Jahrhunderts, sofern nicht generell von der Verwendung des Auerhahns in der Küche abgeraten wird, vor allem vor älteren Tieren gewarnt wird. Habs und Rosner beispielsweise lassen in ihrem »Appetit-Lexikon« kein gutes Haar bzw. keine gute Feder

an diesem Vogel, den sie als »Schrecken der Feinschmecker« bezeichnen und dessen Fleisch »hart wie Eichenrinde, zäh wie Wildleder und trocken wie Bohnenstroh« wäre. Und als hätten die Autoren gewußt, was auf unserem Küchentisch lag, hieß es da weiter: »Selbst wenn der Hahn eine Henne oder erst vier Monate alt ist, vermag er nicht für sich einzunehmen, mag er sich gespickt und gebraten, gedämpft oder als Salmi* präsentieren.«
Auch Katharina Pratos Hinweise auf die Vorbehandlung des Auerhahns deuteten darauf hin, daß es mit diesem Vogel nicht einfach sein würde, denn »ein Auerhahn muß zwei bis drei Wochen abliegen, wenn er sehr mürbe werden soll. Man hängt ihn dazu an einem luftigen Ort auf oder legt ihn in einen irdenen Topf, den man gut verschließt und in die Erde gräbt.«
In allen Kochbüchern wird darauf hingewiesen, daß man den Auerhahn nicht rupfen darf, sondern die ganze Haut mitsamt den Federn abziehen muß, da die unter der Haut liegende Fettschicht ranzig* schmeckt. Das Problem beim Auerhahn besteht allerdings darin, daß das Tier als Ganzes »ranzelt«, sobald man mit der Entfernung der Federn und der Haut beginnt. Der Gestank während des Abziehens der Haut, was sich aufgrund der vielen und zum Teil sehr kräftigen Federn als äußerst schwierig erwies, war jedenfalls so unangenehm, daß es uns einige Überwindung kostete, die Abzieherei tatsächlich zu Ende zu bringen. Nach einer halben Stunde Schwerstarbeit und einigen Stamperln Schnaps zur Neutralisierung des Gestanks lag schließlich die abgezogene und ausgenommene Auerhenne vor uns und sah aus wie ein Alien aus einem Horrorfilm. Allerdings wie ein nach ranzigem Fett riechender Alien. Gerupft und ausgenommen wog die Auerhenne gerade noch 320 Gramm.
Aber Franz Blaas und ich ließen uns nicht abschrecken,

und nach der Drecksarbeit begann der angenehme Teil des Programms, das Kochen. Als Speisenfolge hatten wir vorgesehen: Nudelsuppe mit den Innereien des Haselhuhns und der Auerhenne, Haselhuhn im Speckhemd, Auerhenne im Speckhemd gefüllt mit Elstar-Apfel, Pfirsichkompott sowie Biere, Weine, Schnäpse.

Nudelsuppe mit Innereien von Haselhuhn und Auerhenne (für 4 Personen)

1 Liter kaltes Wasser, 3 Karotten, 1 Sellerie, 1 Stange Porree*, 1 Bund Petersilie, ½ Zwiebel, Pfefferkörner, 1 Prise Salz; Herzen, Mägen, Krägen und Lebern; Muskatnuß*

Kaltes Wasser mit Karotten, Sellerie, Porree und Petersilie auf den Ofen stellen. Die Schnittfläche der Zwiebel auf der Herdplatte leicht anbräunen und mit Pfefferkörnern und Salz ins Wasser geben. Das Ganze langsam kochen, ohne den Topf zuzudecken. Herzen, Mägen und Krägen des Haselhuhns und der Auerhenne beigeben, die Lebern erst am Schluß mitkochen, da sie sonst hart werden. Mit geriebener Muskatnuß verfeinern.

Suppennudeln (für 4 Personen)

80 g griffiges Mehl, 1 Ei

Mehl und Ei in einer Schüssel gut durchkneten, bis der Teig fest ist und nicht mehr haften bleibt. Die Teigkugel auf dem mit Mehl bestreuten Nudelbrett zu einem dünnen Flecken auswalken. Den Fleck ca. 10 Minuten trocknen lassen und in ca. 8 cm breite Streifen schneiden. Streifen übereinanderlegen und mit einem scharfen Messer feine Nudeln schneiden. Nudeln auseinanderstreuen, auf einem Tuch noch einmal eine Stunde trocknen lassen und ca. 5 Minuten in der Suppe kochen.

Haselhuhn im Speckhemd in der Kokotte (für 1 Person)

1 Haselhuhn, 100 g durchzogener Speck, 50 g Butter, Salz, Pfeffer

Haselhuhn innen und außen salzen und pfeffern und zur Gänze mit Speck umhüllen. Backrohr 10 Minuten vorheizen und das Haselhuhn in der mit Butter ausgestrichenen Kokotte* bei 200 Grad ca. 20 Minuten braten. Mehrmals mit dem Eigensaft begießen.

Auerhenne im Speckhemd mit Elstar-Apfel gefüllt (für 1 Person)

1 Auerhenne, 100 g durchzogener Speck, 1 Elstar-Apfel, 50 g Butter, Salz, Pfeffer

Auerhenne innen und außen salzen und pfeffern, mit Elstar-Apfel füllen und zur Gänze mit Speck umhüllen. Das Backrohr 10 Minuten vorheizen und Auerhenne in der mit Butter ausgestrichenen Bratpfanne bei 200 Grad ca. 30 Minuten braten. Mehrmals mit dem Eigensaft begießen.

Als Beilagen servierten wir den neun Gästen unseres Haselhuhn-Auerhennen-Experiments Röstbrotsauce und Serviettenknödel sowie Vogerlsalat mit Erdäpfeln. Diese Beilagen waren letztendlich auch der Grund dafür, daß niemand hungrig den Tisch verlassen mußte, denn die bescheidenen Fleischportionen konnten nicht mehr vermitteln als einen ersten Geschmackseindruck.

Röstbrotsauce (für 4 Personen)

4 Schalotten, 200 g magerer Schinken, ¼ Liter Bouillon; 2 EL Semmelbrösel, Butter; 1 Teelöffel feingehackte Petersilie, Zitronensaft

Gehackte Schalotten und kleingeschnittenen Schinken

mit Bouillon aufgießen und 10 Minuten kochen. Semmelbrösel in Butter rösten, die Bouillon damit binden und Petersilie und Zitronensaft untermischen.

Da mich die Charakterisierung des Fleisches dieser beiden Vögel interessierte, bat ich die Gäste um ihre Verkostungsnotizen, die hiermit, auf Wunsch anonym, wiedergegeben werden:
»Das Haselhuhn ein bißchen zach – eigen im Geschmack – nicht für den Alltag.
Der Auerhahn ist einfach grauslich.« –
»Haselhuhn extrem bitter nach Nadeln schmeckend, stechend, mit lange andauerndem Nachgeschmack.
Auerhenne: dunkel und ledersohlenartig.« –
»Fleisch des Haselhuhns schaut aus wie Hühnerfleisch, schmeckt aber um eine Nuance anders. Und zwar wirklich so wie junge Tannenwipfel.
Auerhahn: na ja ... der Speck war sehr gut.« –
»Intensiv zwischen Huhn und (Trut)hahn. Mein Haxl war etwas faserig, aber gut. Ein Lob dem Haselhuhn.
Auerhahn, erster Eindruck: Leber gekreuzt mit Huhn. Das intensivste Federvieh bist jetzt.« –
»Haselhuhn schmeckt ähnlich wie ein Huhn, aber würziger, vom Biß viel fester und widerstandsfähiger, eine Herausforderung! Von Tannennadeln schmeckte ich nichts.
Der Auerhahn: zähes Ringen mit den Zähnen um ein Stück Haut: dieses schmeckt wie Leber. Ein Kampf mit dem Tier – und – es war was – und dann war nichts.« –
»Klein, aber fein. Zart, fein, kleinfasrig, keine Spur fett – ausgezeichnet! Frühlingsportion.
Auerhahn: liegt vor mir wie eine Haifischflosse. Ist da was dran? Angeblich ist die Brust ja des Beste. Aber wo ist die Brust? Sehr raß, nur Haut und Bein. Ganz eigenartige

Gaumenfreude.« –
»Das Haselhuhn schmeckt, soweit die kleine Probe es zuläßt, nach dem Urhuhn oder dem Urhendl im Ur-(Wiener)wald.
Auerhahn: zäh und raß.« –
»Haselhuhn: bitteres Fleisch, aber zart.
Auerhenne: dunkles Fleisch, wilder Geschmack, sandig.« –
»Haselhuhn: intensiver, unbekannter Geschmack. Sehr zart.
Auerhenne: Kindheitserinnerung an grausliche Speisen, die man nicht essen wollte (aber mußte). Wie kam Wilhelm Hauff in seiner Erzählung ›Das kalte Herz‹ eigentlich dazu, den Auerhahn ›als die beste Schwarzwaldspeise‹ zu bezeichnen?« –

»Wenn ein paar sehr frische Krametsvögel wären ...«

Nach diesen Erfahrungen mit dem Haselhuhn und der Auerhenne hatte ich keine große Lust mehr, mich auf ein ähnliches Abenteuer mit Krammetsvögeln einzulassen, auch wenn Stifter von diesen Vögeln schwärmte und sie im Winter 1865 des öfteren bei Amalia bestellte: »Ich möchte auch einmal ein Repphuhn, und wenn es kalt wird Krametsvögel.« (26. November 1865). »Wenn ein paar sehr frische Krametsvögel wären, so wären sie mir lieb.« (5. Dezember 1865). »Lasse fleißig um Krametsvögel fragen.« (12. Dezember 1865).

Der Krammetsvogel, der bei uns unter dem Namen Wacholderdrossel bekannt ist, ernährt sich im Herbst in erster Linie von Wein-, Vogel- und Wacholderbeeren, wodurch sein Fleisch einen delikat würzigen Geschmack bekommt. Habs und Rosner schreiben, daß das Fleisch der Krammetsvögel »eigentlich nur eine ins Animalische übersetzte Beerenobstmarmelade erster Güte darstellt«. Franz Hafner konnte diese Charakterisierung nur bestätigen und empfahl mir für den Fall, daß ich einmal Lust auf eine Wacholderdrossel haben sollte, das folgende Rezept:

Krammetsvögel vom Grill (für 1 Person)

5 Krammetsvögel, Salz

Im Herbst Krammetsvögel in den Weinbergen fangen, rupfen, abbrennen, salzen und samt den Innereien grillen. Durch die Weintrauben schmecken die Krammetsvögel angeblich »göttlich« (Franz Hafner). Herr Hafner bot sich zwar an, mir für ein weiteres Stifter-Essen einige dieser Vögel zu besorgen, ich winkte aber dankend ab.

Da Stifter immer nur von »gebratenen Krammetsvögeln« schreibt, sei hier noch jeweils ein Rezept aus dem »Linzer Kochbuch« und aus der »Süddeutschen Küche« angeführt.

Krammetsvögel, gebraten

Putze die Krammetsvögel rein, nimm die Gedärme heraus, Leber und Magen aber bleibt in dem Vogel, salze sie ein und stecke sie an den Spieß, so oft ein Vogel, so oft ein Blattel Speck und Semmel, brate sie schön saftig, richte sie auf die Schüssel, laß in einer Pfanne ein Stückel Butter zerschleichen, gieb etliche Löffel voll Semmelbrösel dazu, laß sie gut anlaufen, und gieße sie über die Vögel.

Krammetsvögel, gebraten

Man nimmt die geputzten Vögel aus, salzt sie, gibt Leber und Magen wieder in den Leib, zieht die Haut von den Köpfen ab, sticht die Augen aus und reißt den unteren Teil des Schnabels weg. Dann überbindet man die Vögel mit dünnen Speckschnitten, bratet sie eine Viertelstunde bei jäher Hitze und begießt sie dabei fleißig mit Suppe und dann mit dem Abgetropften. In die Bratpfanne gibt man einige Wacholderbeeren. Beim Anrichten übergießt man die Vögel mit dem gesiehenen Saft. Man kann sie auch halbieren und auf gebackene Semmelschnitten legen.

Ich für meinen Teil habe mich bereits entschieden: Ich werde auch in Zukunft der Wacholderdrossel lieber beim Singen zuhören als sie, ob gebraten oder gegrillt, zu verspeisen.

Bemerkenswert ist übrigens, daß Stifter trotz seiner Vorliebe für die Wacholderdrossel den Freiherrn von Risach im »Nachsommer« ganz vehement gegen den Vogelfang Stellung nehmen läßt. Im Kapitel »Der Abschied« erklärt er seinem Besucher: »Aber wir müssen sagen, daß der Vogelfang ein sehr rohes Vergnügen ist, das man eigentlich verachten sollte. Freilich ist es noch schlechter und muß ohne weiteres verabscheut werden, wenn man Singvögel nicht des Gesanges wegen fängt, sondern sie fängt und tötet, um sie zu essen. Die unschuldigsten und mitunter schönsten Tiere, die durch ihren einschmeichelnden Gesang und ihr liebliches Benehmen ohnehin unser Vergnügen sind, die uns nichts anders tun als lauter Wohlgefallen, werden wie Verbrecher verfolgt, werden meistens, wenn sie ihrem Triebe der Geselligkeit folgen, erschossen oder, wenn sie ihren nagenden Hunger stillen wollen, erhängt.«

Zum Thema Geflügel paßt als kleines Postkriptum Henriette Davidis' Anleitung »Über das Schlachten von Geflügel« aus ihrem »Praktischen Kochbuch«:

»Hühnern, Hähnchen, Kapaunen und Putern wird mit einem scharfen Messer die Gurgel durchgeschnitten, Enten der Kopf abgehauen, Tauben derselbe abgerissen, und den Gänsen wird mit einem spitzen Messer in die Hirnschale gestochen, das Blut dabei in Essig aufgefangen und das Loch mit einem glühenden Eisen, damit die Federn nicht blutig werden, zugebrannt.«

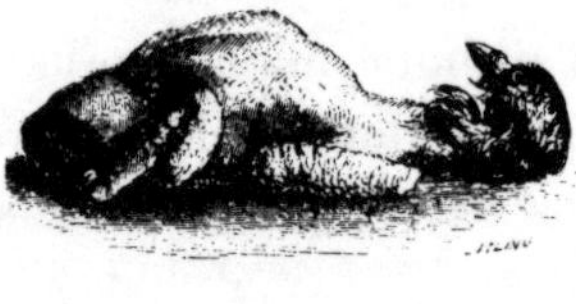

Aus Stifters Einnahmenbüchern, die er vom April 1840 bis März 1847 führte, wissen wir, daß er spätestens ab Januar 1843 versuchte, sich durch den Kauf von Lotterielosen eine zusätzliche Geldquelle zu erschließen. Am 21. Januar 1843 vermerkte er nämlich, daß er durch ein einkassiertes Los 2 Gulden gewonnen hatte. Bis März 1847 beliefen sich alle weiteren Gewinne aus Losen auf einige wenige Kreuzer. Auch beim Wetten und beim Tarock gewann Stifter nach seinen Aufzeichnungen nie mehr als 20 Kreuzer. Das heißt, die erzielten »Gewinne« aus den verschiedenen Spielen bewegten sich allesamt in einem zu vernachlässigenden Bereich.

Außerdem geht aus Stifters Briefen hervor, daß seine Spielleidenschaft ab Anfang der fünfziger Jahre zunahm und daß er sich ab Mitte der fünfziger Jahre zusätzlich auf riskante Aktienspekulationen einließ, bei denen er sehr viel Geld verlor. Stifters Spielleidenschaft ist insofern bemerkenswert, als er spätestens seit Anfang der vierziger Jahre zu den Besserverdienenden gehörte und es aus finanziellen Gründen nicht nötig gehabt hätte, sich auf solche, zum Teil undurchsichtige, Geschäfte einzulassen. Stifter, der mit Geld nicht umgehen konnte, hatte allerdings mit Gustav Heckenast einen Verleger, der ihm nicht nur sehr gute Honorare zahlte, sondern auch regelmäßig hohe Kredite gewährte.

Zum besseren Verständnis seien hier einige Zahlen zu Stifters finanzieller Lage angeführt: 1849 erhielt er für seine Mitarbeit bei der »Linzer Zeitung« und beim »Wiener Boten« 1.800 Gulden im Jahr. Im selben Jahr betrug die Jahresmiete für seine 200 Quadratmeter große Wohnung an der Donaulände in Linz 116 Gulden. In seiner Funktion als Schulrat bezog Stifter ab 1850 ein Jahresgehalt in der Höhe von 1.500 Gulden, im gleichen Jahr erhielt er von Heckenast für den Verkauf sämtlicher Rechte »für die ferneren Auflagen der ›Studien‹ « 6.000 Gulden. Zwei Jahre später zahlte ihm Heckenast für das »unbeschränkte Eigentumsrecht der zwei Bände ›Bunte Steine‹ « 3.000 Gulden. Trotz dieser zweifellos hohen Einnahmen war jeder zweite Brief Stifters ein Bettelbrief. Egal, ob er an Verwandte, Bekannte oder Freunde schrieb, irgendwie kam Stifter immer auf seine prekäre finanzielle Lage zu sprechen:

»Ich bin noch in deiner Schuld, aber jeder Tag muß Änderung bringen.« (An Joseph Axmann, Linz, 13. Januar 1850)

»... alle Quellen sind erschöpft.« (An Gustav Heckenast, Linz, 22. April 1850)

»Es könnte sich dieser Tage meine Casse plözlich erschöpfen.« (An Gustav Heckenast, Linz, 8.August 1852)

»Wären Sie im Stande, mir außer den Raten jezt 300 fl zur Verfügung stellen, oder auch Anfangs März oder Anfangs April, und vielleicht gegen Ende Sommers wieder 300 fl.« (An Gustav Heckenast, Linz, 11. Februar 1858)

»Demnach hast du ein Guthaben bei mir von Eintausend vierhundert acht und dreißig Gulden österr. Währung.« (An seinen Bruder Anton, Linz, 16. November 1861)

»Ich bitte daher recht herzlich, lassen Sie an Uhl für mich die 300 fl noch im Dezember (wie er wünschte) erlegen ...« (An Adolf Freiherrn von Kriegs-Au, Linz, 22./23. Dezember 1865)

»Ich brauche einige hundert Gulden (300 oder lieber 400) für Karlsbad.« (An Gustav Heckenast, Kirchschlag, 8. April 1866)

Im Juni 1855, als Stifter die Eigentumsrechte am »Nachsommer« um 6.000 Gulden an Heckenast verkaufte, beschäftigte er sich wieder einmal intensiv mit Aktiengeschäften, obwohl er davon keine Ahnung hatte. Beispielsweise machte er am 29. Februar 1856 seinem Verleger den verhängnisvollen Vorschlag, für ihn Westbahnaktien zu kaufen: »Wären Sie ein reicher Mann, so sagte ich: Freund, nimm 10.000 fl. kaufe Westbahnactien, lasse sie bei dir liegen, beziehe Zinsen; ich mache Bücher, und wenn ich um 10.000 fl. fertig habe, so zahle sie mir in Westbahnactien nach dem Nominalwerthe. In 4 Jahren nach der Ausgabe werden diese Papiere vielleicht das Doppelte werth sein.« Heckenast ließ sich nach einigem Zögern überreden und kaufte für Stifter 50 Westbahnaktien im Wert von 11.600 Gulden C. M., das entsprach später einem Wert von 12.180 Gulden Ö.W. Dieser Kauf erwies sich als absolute Fehlspekulation, denn als Stifter die Aktien am 1. Juli 1865 verkaufte, bekam er dafür nur noch 6.546 Gulden Ö.W., das heißt, Stifter hatte innerhalb von neun Jahren einen Verlust von 5.634 Gulden Ö.W. erlitten.

Zum Vergleich: Als Stifter im November 1865 in den vorzeitigen Ruhestand trat, betrug seine jährlich Pension 1.890 Gulden Ö.W. Die Spekulation mit den Westbahnaktien hatte Stifter also drei Jahresgehälter seiner Pension gekostet. Der Vollständigkeit halber sei an dieser Stelle darauf hingewiesen, daß ab 1. Januar 1858 der Gulden von der sogenannten Konventionsmünze (C.M.) auf die Österreichische Währung (Ö.W.) umgestellt wurde. Ab diesem Zeitpunkt entsprach 1 Gulden 100 Kreuzer, und nicht mehr 60 wie in den Jahrzehnten zuvor.

So wie Stifter davon überzeugt war, durch Aktiengeschäfte an das große Geld heranzukommen, so hoffte er jahrelang darauf, bei den diversen Ziehungen von Lotterielosen den Haupttreffer zu machen. Dabei entwickelte er die abenteu-

erlichsten Pläne, was er mit dem gewonnenen Geld anstellen würde. Am 24. Juni 1854 schrieb er in diesem Zusammenhang an Louise Freifrau von Eichendorff:
»Wir haben uns an der lezten Märzanleihe betheiligt. Am 15ten April 1855 gewinne ich 200.000 fl., dann baue ich in Ihrem Garten ein Sommerhaus für Sie und uns, ein zweites kleines am Traunsee in Oberösterreich und eines am Ufer des adriatischen Meeres, um die ruhige See zu sehen und auch die bei schönem Vollmonde unter den jagenden Wolken stürmende. Da haben Sie überall das gewünschteste und erwählteste Wohnpläzchen für sich und Miz oder mehrere Mize, da will ich arbeiten, und Gott in seinen Werken sehen und preisen, und wir gehen spaziren, wir machen Anlagen (denken Sie nur an die herrlichen Citronen und Goldäpfel Feigen Trauben Pfirsiche Oleander Cactus Aloe, die in dem Geklippe neben gewundenen Wegen und geschlungenen Lauben an der Küste der Adria stehen werden) Sie plaudern mit der Frau, beide macht ihr mir morgens einen guten Kafeh, ...«
Wie wir wissen, hat Stifter vergeblich auf das große Los gewartet. Bittere Realität dagegen war, daß er zum Zeitpunkt seines Todes bei Gustav Heckenast Schulden in der Höhe von 18.894 Gulden Ö.W. hatte.

»... ODER SCHIKE EIN UNGEBRATENES REPPHUHN.«

Während seiner Aufenthalte in Kirchschlag im Winter 1865/66 hat sich Stifter bei seiner Frau regelmäßig Rebhühner bestellt, und zwar sowohl in gebratenem als auch in ungebratenem Zustand. Am 20. November 1865 beispielsweise ersuchte er Amalia um »ein ungebratenes Repphuhn«, das er sich von der Wirtin Theresia Haiböck braten lassen wollte. Ob er im konkreten Fall mit den Kochkünsten der Wirtin zufrieden war, ist nicht dokumentiert. Am 19. Januar 1866 kam er jedenfalls über ein von Amalia bzw. Marie zubereitetes Rebhuhn richtiggehend ins Schwärmen: »Daß du mit einem so außerordentlich schönen Rephuhn auf mich gedacht hast, wie ich noch keines gesehen habe, und mit drei Krametsvögeln, freut mich sehr.«

Daß Stifter nur im Winter nach Rebhühnern und Krammetsvögeln fragte, lag daran, daß diese Tiere lediglich während der Jagdzeit zwischen Oktober und Januar auf den Markt kamen. Trotz dieser kurzen Zeitspanne wurden noch 1890 allein in Wien 201.333 Rebhühner verspeist. Aus dem »Appetit-Lexikon« von Habs und Rosner erfahren wir auch, daß das Rebhuhn bereits »in der Klosterküche des 11. Jahrhunderts neben dem Pfau, dem Schwan und dem Fasan bei Prunk- und Festgerichten serviert wurde.«

Zubereitet wird das Rebhuhn ähnlich wie das Haselhuhn. Als Alternative zu den üblichen »Hasel-, Haus- oder Rebhuhn gebraten«-Rezepten sei daher eines aus dem »Linzer Kochbuch« der Maria Elisabetha Niederederin angeführt:

Rebhühner in Linsen

Wenn die Rebhühner eine Weile im Salz gelegen, spicke sie mit Speck, brate sie schön saftig an dem Spieß, dann wenn die Linsen gesotten sind, so gieb in ein Kasterol ein wenig Fette, klein geschnittenen Zwiebel, 2 Löffelvoll Mehl, laß es gut anlaufen, gieße einen Schöpflöffelvoll Rindsuppe, ein wenig Weinessig, Limonieschällerl* darein, seihe die Linsen ab, schütte sie hinein, gieb die Rebhühner dazu, laß sie eine Weile gut dünsten, dann auf eine Schüssel angerichtet.

»Buchteln oder Guglhupf könnt ihr mir auch schon senden.«

Nachdem Stifter die Weihnachtsfeiertage und das Neujahrsfest in Linz verbracht hatte, zog es ihn bereits am 4. Januar 1866 wieder nach Kirchschlag. Es war dies der erste von insgesamt sieben Kuraufenthalten in jenem Jahr, das eine radikale Verschlechterung seines Gesundheitszustands mit sich bringen sollte. Je weiter die Krankheit voranschritt, desto verzweifelter versuchte Stifter, gegen sie anzuschreiben. Seine Briefe aus den Jahren 1866 und 1867 sind das erschütternde Zeugnis dieses Kampfes gegen ringsum sich öffnende Abgründe. Gleichzeitig formulierte Stifter in diesen Briefen noch einmal die programmatischen Grundsätze, nach denen er sein Leben so gerne gestaltet hätte. Bereits zwei Tage nach seiner Abreise aus Linz schreibt er an Amalia: »Die Vernunft sagt: Trage, dulde, der Lohn wird herrlich sein, blühende Gesundheit, und dann ungetrübtes Beisammensein bis zum Tode, verbunden mit einem mäßigen beruhigten freien und heiterem Leben. Alles das ist durch Ernst und Ausdauer zu erreichen, und ich weiß es, es wird erreicht, und vielleicht eher, als wir beide ahnen. Heute nachmittag zeigte mir der Spiegel eine so angenehme gesunde Farbe, wie ich sie nie hatte. Ich war sehr erfreut.«

Weniger erfreut war Stifter allerdings, daß es »mit den 54gern und den Kreditloosen wieder nichts« geworden war. Die Spielleidenschaft hatte ihn also selbst in Zeiten schwerster körperlicher und seelischer Not nicht losgelassen.

Wenn sich Stifter in dieser Phase seines Lebens auch ständig einredete, daß »alles, alles gut wird«, so wußte seine Umgebung längst, wie es tatsächlich um ihn stand. Inwie-

fern Amalia vom Arzt Dr. Essenwein im Detail über den Zustand ihres Mannes informiert wurde, ist nicht bekannt, Tatsache ist aber, daß beispielsweise Adolf Freiherr von Kriegs-Au, der Leiter der Abteilung für Kultus und Unterricht im Staatsministerium in Wien, genauestens über Stifters Krankheit Bescheid wußte. Kriegs-Au war es nämlich, der sich Ende Dezember 1865 in einem Brief an den Kaiser mit folgender Begründung für Stifters vorzeitige Pensionierung bei vollem Gehalt eingesetzt hatte. »Aus ganz verläßlicher Quelle ist mir bekannt, daß für die Wiedergenesung (...) wenig Hoffnung vorhanden sei, zumal bei der Natur seines Leidens auch sein Gemüt auf das tiefste bedrückt ist. (...) Diese verläßliche Quelle bin ich. Stifter hat Tag und Nacht keine Ruhe. Ihn peinigt der Gedanke, daß er, normalmäßig behandelt, nicht mehr zu leben habe. Seine Krankheit aber ist unheilbar.«
Stifter freilich flüchtete weiter in seine Scheinwelt und malte sich aus, wie glücklich und harmonisch sein künftiges Leben mit Amalia verlaufen würde. Am 16. Januar 1866 schrieb er aus Kirchschlag an seine Frau: »Ich komme am 31ten d. M. zum Mittagessen hinab. Wir bringen mehrere Tage in Liebe und Freundlichkeit zu, ich besorge allerlei Geschäfte, und wir scheiden wieder in heiterer Freundlichkeit in dem Bewußtsein, daß es meine Gesundheit vollkommen herstellen wird, und daß wir dann in einer ruhigen und festen Dauer unser Glük genießen werden.« Und am 22. Januar berichtete er Gustav Heckenast voll Freude über die endlich erfolgte Pensionierung: »Die Abschiede sind genommen, die Kanzlei ist geräumt, und ich bin frei. (...) Jezt kann ich ohne Sorge und nur in Berührung mit edlen Menschen, die ich mir suche, und in der Erhabenheit der Natur meinen höheren Bestrebungen und meinen theuren und mich lohnenden Arbeiten leben. Mein Nachsommer hat begon-

n e n . Jezt, mein theurer Freund, werden sich alle Hinschleppungen meiner Arbeiten beheben, ich kann Ordnung und Erfolg in sie bringen, und vor Allem: es wird mir die Stimmung nicht mehr von Außen her zerstört.«

Stifter wiederholte hier einen Gedanken, den er bereits neun Jahre zuvor im »Nachsommer« den Freiherrn von Risach aussprechen ließ: »Es war, ich erkannte es spät, im Grunde die Wesenheit eines Künstlers, die sich in mir offenbarte und ihre Erfüllung heischte. Ob ich ein guter oder ein mittelmäßiger Künstler geworden wäre, weiß ich nicht. (...) Wie das aber auch sei: in jedem Falle waren die Kräfte, die sich in mir regten, dem Wirken eines Staatsdieners eher hinderlich als förderlich.« Im Gegensatz zu Stifter erlebt Risach allerdings sehr wohl jenen erfüllten Nachsommer, von dem Stifter nur träumen konnte. Während Risach im Roman nun all jenen Tätigkeiten nachgehen konnte, die ihm als Staatsdiener verwehrt waren, entpuppte sich Stifters Nachsommer in der Realität als eine Phase größter körperlicher und seelischer Qualen.

Trotzdem dürfte er aber im Essen und Trinken nach wie vor Trost und Befriedigung gefunden haben, denn wie bereits während der Dezemberkur, ließ er sich auch im Januar Brot, Wein, Tauben, Hasen, Fleischextrakt, Zwieback, Striezel, Rebhühner, Krammetsvögel, Erbsen – und »ein Kästchen Cigarren 100 Stük d i k e C a b a n o s z u 5 f l 5 0 k r « ins Gasthaus Haiböck schicken. Keinen Appetit hatte er dieses Mal allerdings auf Schweinefleisch. »Iß keine Salami«, schrieb er am 19. Januar 1866 an Amalia, »es ist roher Spek und rohes Schweinfleisch darin, und erst neulich sind wieder in Schlesien 60 Personen an der fürchterlichen Trichinenkrankheit erkrankt. Sie muß jezt besonders unter den Schweinen sein. Mir ekelt vor allem Schweinfleisch.«

Worauf sich Stifter allerdings besonders freute, waren Buchteln, die er sich am 10. Januar bestellte und deren Erhalt er wenige Tage später mit dem Ausdruck größter Dankbarkeit bestätigte: »Du hast mir einen Weken und Buchteln mit der Post geschikt. Du gutes Weib, ich danke dir.«
Stifter erwähnt die Buchteln zwar nur im Januar 1866, aber da diese Mehlspeise aus Böhmen stammt, ist anzunehmen, daß er die »buchtičky«, wie sie dort heißen, seit seiner Oberplaner Zeit kannte. Stifter verwendete in den beiden Briefen übrigens die Wiener Bezeichnung für Buchteln, in Oberösterreich werden sie ja seit jeher »Wuchteln« genannt.

Buchteln (ca. 20 Stück)

¼ l Milch, 1 EL Kristallzucker, 1 Packung (42 g) Germ; 125 g Butter, 1 Ei, 2 Dotter; 600 g glattes Mehl, 1 Prise Salz; Marillenmarmelade, Staubzucker

Milch anwärmen und vom Ofen nehmen. Zucker mit der Milch verrühren. Germ in die warme Milch hineinbröseln und an einem warmen Ort ca. 10 Minuten aufgehen lassen (Dampfl). Zerlassene Butter mit einem Ei und zwei Dotter vermischen. Gesalzenes Mehl in eine Teigschüssel geben, eine kleine Vertiefung machen, das Dampfl dazugeben, mit dem Butter-Ei-Gemisch durchkneten und 10 Minuten stehen lassen. Danach neuerlich durcharbeiten und noch einmal rasten lassen, bis der Teig auf das doppelte Volumen aufgegangen ist. Das Ganze nochmals durcharbeiten, auf dem bemehlten Nudelbrett mit dem Nudelwalker ausrollen, 10 x 10 cm große Flecken ausschneiden, Marmelade in die Mitte des Teigs geben, die vier Ecken übereinanderschlagen und zusammendrücken. Buchteln eng in eine mit Butter bestrichene

Pfanne schlichten, oben und seitlich mit zerlassener Butter bestreichen und noch einmal aufgehen lassen. Das Backrohr 10 Minuten vorheizen, dann die Buchteln bei 175 bis 200 Grad zwischen 45 und 60 Minuten backen. Abkühlen lassen und mit Staubzucker bestreuen.

Gleichzeitig mit den Buchteln bestellte sich Stifter am 10. Januar 1866 einen Gugelhupf, der sich im 19. Jahrhundert längst zu einer Spezialität der österreichischen Mehlspeisküche entwickelt hatte. Insofern überrascht es auch nicht, daß Katharina Prato in der »Süddeutschen Küche« 1858 bereits elf verschiedene Gugelhupfrezepte anführt, wie etwa den »Rumgugelhupf«, den »Gugelhupf mit Schokoladeeis«, den »Erdäpfel-«, »Mandel-« oder den »Kaisergugelhupf«.
Eine interessante Variante des Gugelhupfs findet sich im »Linzer Kochbuch« von 1805:

Gebackener Gugelhupf auf andere Art

Gieb in ein Reindel* einen Schöpfloffelvoll schönes Mehl, salze es, stelle es ein wenig auf die Gluth, dann gieb in eine Pfanne einen Schöpflöffelvoll Wein, und gar ein wenig Schmalz, laß es siedend werden, und schütte es in das Mehl, rühre den Taig schön klar ab, bis er schön fest wird, und sich nicht mehr in der Rein anleget, dann schlag 4 oder 5 gewärmte Eyer hinein, ein jedes gut verrühret, ein wenig gestoßenen Zimmet, und etliche recht fein gestoßene Mandeln, wenn man will, auch ein wenig gestoßenen Zucker, von einer halben Limonie klein geschnittene Schalen, dann schneide den Gugelhupf zu Stückel, streiche ein wenig Eingesottenes darauf, gieb wieder ein Stückel darauf, auf die Art, wie die Pofäsen, dann walze sie in dem Taig, backe sie schön langsam aus dem Schmalz, bis sie recht aufgegangen und lichtbraun sind, gieb sie auf eine Schüssel und zuckere sie.

Einfacher herzustellen ist sicherlich der im »Großen Sacher Kochbuch« empfohlene Gugelhupf, »wie ihn angeblich die Hofschauspielerin und Freundin Kaiser Franz Josephs, Katharina Schratt, gebacken haben soll.«

Gugelhupf

170 g Butter, 140 g Staubzucker, geriebene Zitronenschale, 4 Dotter, 40 g Rosinen; 40 g geschälte, gestiftelte Mandeln; 280 g Mehl, 1 Packerl Backpulver

Butter, Zucker, Zitronenschale und Dotter schaumig rühren. In die Masse Mandeln und Rosinen einrühren. Den steifen Schnee vorsichtig in den Abtrieb einheben und zuletzt das gesiebte Mehl, Backpulver und die Rosinen einheben. Die Masse in eine bebutterte, mit Mehl bestaubte Gugelhupfform füllen und im Rohr bei mittlerer Hitze backen. In der ersten Zeit des Backens das Backrohr ein wenig offen lassen.

»Ich hatte herrlichen Rinderbraten.«

Ob Stifter angesichts der ungeheuren Vielfalt an Speisen, die er im Laufe seines Lebens zu sich nahm, tatsächlich so etwas wie ein Lieblingsgericht hatte, läßt sich aufgrund der Briefe und autobiographischen Aufzeichnungen schwer sagen. Wenn allerdings die Häufigkeit der Erwähnung einer bestimmten Speise ein Indiz für ein Lieblingsgericht ist, dann würde sicherlich am ehesten Rindfleisch dafür in Frage kommen. Gerade während seiner letzten sechs Lebensjahre scheint sich Stifter regelrechten Rindfleischexzessen hingegeben zu haben. Aus dem Tagebuch »Mein Befinden« geht beispielsweise hervor, daß er allein zwischen 20. April und 16. Mai 1864, also innerhalb von 27 Tagen, neunmal Rindfleisch gegessen hat. Und wenn man bedenkt, daß Stifter ab Ende 1861 in seinen Briefen ständig von Rostbraten, gebratenem und gesottenem Rindfleisch, Rinderbraten, Zunge und Gulasch berichtet, so könnte man vielleicht doch davon ausgehen, daß er die Frage nach seiner Lieblingsspeise mit »Rindfleisch in allen Variationen« beantwortet hätte. Wie wir aus einem Brief an Heckenast vom 1. Juni 1865 wissen, verzehrte Stifter am Ende seines Lebens Rindfleisch sogar aus medizinischen Gründen: »Ich begann mit einer Hungerbehandlung, daß ich fast zu einem Skelette wurde; aber (...) ich stieg zu ergiebigerer Ernährung, und blieb bei ihr und zwar bei dem stets gleichen Nahrungsmittel, einem Stükchen gebratenen Rindfleisches, bis jezt stehen, und werde dabei stehen bleiben, bis ich gesund bin.«

Aus einem Brief vom 28. August 1841 an Amalia geht übrigens hervor, daß Stifters Haushälterin Franzi bereits damals »täglich Rindfleisch« gekocht hat. Und auch später schwärmte Stifter besonders während seiner Inspektionsreisen und Kuraufenthalte von den diversen Rindfleischgerichten, die er sich in den Gasthäusern bestellt hatte. So berichtete er etwa am 1. Dezember 1861 aus Mattighofen von einem »Rostbraten mit Erdäpfelschmarn«, am 18. Juni 1862 aus Eferding von einem »frischen guten Gollasch«*, am 8. Juni 1866 aus Lackenhäuser von »einem Stükchen gesottenem und einem Stükchen gebratenem Rindfleisch« und am 10. August 1866, ebenfalls aus Lackenhäuser, von einem »herrlichen Rinderbraten«. Und zwei Monate zuvor schrieb er an Amalia: »Wenn du gesehen hättest, welches Stük Rindbraten ich heute nach dem Schwarzenbergmarsche gegessen habe, so hättest du die Hände zusammen geschlagen.«

Erst in seinem letzten Lebensjahr schmeckte Stifter auch das Rindfleisch nicht mehr. So beschwerte er sich am 17. Mai 1867 bei seinem Hausarzt Dr. Essenwein: »Die Kost in Karlsbad ist schlecht, sie heißen das curgemäß; aber ob ein Stük Rindfleisch bis zur Gestalt gezupfter Leinwandfäden ausgebraten curgemäß ist, wage ich nicht zu behaupten.« Und einen Monat später schrieb er enttäuscht aus Kirchschlag an seine Frau: »Auch mein gebratenes Rindfleisch läßt Vieles zu wünschen übrig, hätte ich nur einmal ein Stükchen aus unserer Küche da.« Am 25. September 1867, vier Monate vor seinem Tod, richtete Stifter dann die flehentliche Bitte an Amalia und die Köchin Marie, ihm bei seiner Rückkehr »ein Stükchen Rindfleisch« zu richten und ihn »freundlich« zu empfangen. Es ist das letzte Mal, daß Stifter in einem Brief Rindfleisch erwähnt, und wir wollen hoffen, daß ihm Marie tatsächlich ein hervorragendes Stück gekocht hat und daß ihn alle im Haus freundlich empfangen haben.

Stifters Vorliebe für Rindfleisch war freilich nichts Außergewöhnliches, zumal sich ja in Österreich gerade im 19. Jahrhundert ein regelrechter Kult um dieses Nahrungsmittel zu entwickeln begann. Wenn man bedenkt, daß 1830 die 317.168 Einwohner Wiens laut Statistik 77.740 Ochsen, 16.214 Kühe und 126.854 Kälber verzehrten, dann kann man in etwa ermessen, welche Bedeutung dieses Fleisch im vergangenen Jahrhundert hatte. Daß das Rindfleisch aber bereits zu Beginn des 19. Jahrhunderts aus der österreichischen Küche nicht mehr wegzudenken war, kann man auch aus dem »Linzer Kochbuch«, in dem 26 Rezepte »Vom Rindfleisch mit einer Haut« angeführt werden, ersehen. Dort fehlt weder das »Rostbratel« noch das »Gedämpfte Rindfleisch«, und sogar das »Boeuf à la Mode« wird erwähnt.

Außerhalb Österreichs hatte man allerdings in gewissen kulinarischen Kreisen für die hierzulande grassierende Rindfleisch-Euphorie wenig Verständnis. Der Franzose Anthelme Brillat-Savarin schrieb zum Beispiel 1825 in seinem Standardwerk »Physiologie des Geschmacks«, »daß Leute vom Fach niemals gekochtes Rindfleisch essen würden«, und der Deutsche Antonius Anthus bezeichnete 1838 in seinen »Vorlesungen über Eßkunst« das gesottene Rindfleisch als »ab- und ausgekochtes, saft- und kraftloses Fasergewebe, welches schon als Mittel zu einem anderen Zweck gedient hat«. Diese wenig schmeichelhaften Worte konnten allerdings dem Rindfleisch-Enthusiasmus der Österreicher, der ja bis heute ungebrochen ist, nichts anhaben.

Gekochtes Rindfleisch (für 4 Personen)

800 g Rindfleisch (Tafelspitz oder Schulterscherzl); Karotte, Petersilwurzel, Sellerieknolle; ½ Zwiebel mit Schale, ein paar Blätter Kohl oder Kraut, etwas Porree, Salz, Pfefferkörner

Alle Zutaten mit Ausnahme des Fleisches in ca. 1½ Liter Wasser aufkochen. Rindfleisch kurz kalt waschen und in das kochende Wasser geben, dann zurückschalten und das Ganze bei zugedecktem Topf sehr langsam ca. 1½ Stunden ziehen lassen, wobei die Suppe nicht mehr kochen darf! Fleisch herausnehmen, aufschneiden und mit gerösteten Kartoffeln und Semmelkren bzw. Tomaten-, Dill- oder Schnittlauchsauce servieren.

RINDERBRATEN (für 4 Personen)

800 g Rindfleisch (z. B. Hieferscherzl, Tafelspitz, Beiried oder Hinteres Viertel), 40 g Fett, Salz, Pfeffer, 60 g Speck; 150 g Wurzelwerk, 100 g Zwiebeln, 100 g Mehl; 2 EL Sauerrahm

Fleisch von Sehnen und Haut befreien, salzen und pfeffern, mit dem Speck spicken und rundherum im heißen Fett anbraten. Nudelig geschnittenes Wurzelwerk und kleingeschnittene Zwiebeln mitrösten, mit Mehl stauben, mit Wasser oder Suppe aufgießen und ca. 2 Stunden im Rohr dünsten. Dann den Saft noch einmal mit Mehl stauben, aufgießen, passieren und mit Rahm verrühren.

ZWIEBELROSTBRATEN (für 4 Personen)

4 Rostbraten (Beiried) zu je 150 g, Salz, Pfeffer, Mehl, 40 g Fett; 30 g Butter, 1 TL Mehl; 300 g Zwiebeln, 100 g Fett

Fleisch klopfen und am Rand einschneiden, salzen, pfeffern und eine Seite in Mehl tauchen. Die Pfanne erhitzen und Fett beigeben. Die bemehlte Seite zuerst ins heiße Fett legen, dann die zweite Seite rasch abbraten. Rostbraten auf vorgewärmter Platte warmstellen. Butter im Bratenrückstand aufschäumen, mit Mehl stauben und mit Wasser oder Suppe aufgießen. Die in Scheiben geschnittenen Zwiebeln in einer Pfanne in Fett goldgelb rästen, abseihen, abtropfen lassen und etwas salzen. Rostbraten mit Zwiebeln bedecken und mit dem Saft übergießen.

Das folgende Rostbratenrezept ist dem »Linzer Kochbuch« entnommen:

Rostbratel

Nimm von einem Riedl schön dünne Stückel, klopfe sie recht gut, salze sie ein, säe ein wenig Pfeffer darüber, gieb in ein Kasterol ein wenig klein geschnittenen Speck, Zwiebelhappel, Knoblauch, gieb das Fleisch hinein, und setze es auf eine starke Gluth, laß es gut braten, daß es auf einer jeden Seite eine Farbe bekömmt, gieb es auf eine Schüssel, gieße den Saft darüber, und gieb es zur Tafel.

»Fleischextrakt segensreich.«

Zum Kapitel Rindfleisch gehört auch Stifters Vorliebe für Fleischextrakt, das ja durch Auslaugen von fettfreiem Muskelfleisch des Rindes gewonnen wurde und seit 1821 im Handel war. Stifter ließ sich das Fleischextrakt vor allem während seiner beiden letzten Lebensjahre häufig nach Kirchschlag und Lackenhäuser schicken. Am 16. Januar 1866 bestellte er beispielsweise bei Amalia gleich »4 Fläschchen Fleischextrakt«, und bereits 7 Tage später bat er »aus Vorsicht« um Zusendung eines weiteren Fläschchens. Auf welche Art Stifter das Extrakt verwendete, schildert er am 6. Juni 1866 in einem Brief an Amalia: »Dann machte ich mir mit heißem Wasser und Fleischextrakt eine Suppe, die ich aß.«

Das Fleischextrakt, das Stifter zum Suppenmachen verwendete, wurde erst ab 1864 fabriksmäßig hergestellt, nachdem Justus von Liebig eine neue Methode zur Herstellung dieses »Genußmittels«, wie Habs und Rosner das Extrakt bezeichneten, entwickelt hatte. Habs und Rosner bedauern 1894 in ihrem »Appetit-Lexikon« übrigens, daß das Fleischextrakt »in der österreichischen Küche noch immer nicht die gebührende Achtung findet, und daß man sogar in Wien noch immer herzlich fade, bleichsüchtige blonde Saucen antrifft, denen man aus purem Mitleid eine kleine Dosis Extract beizubringen sich versucht fühlen könnte.« Und selbst Katharina Prato, die Verfasserin der »Süddeutschen Küche«, sah sich 1884 veranlaßt, ein eigenes Buch über das Fleischextrakt herauszugeben, da auch sie der Meinung war, daß diesem Präparat in der Küche noch zu wenig Beachtung geschenkt wurde. Im Vorwort zum Buch »Eigenschaften, Werth und Darstellung des Fleisch-Extracts« schreibt sie: »Zur Bekämpfung des Vorurtheiles gegen

Liebig's Fleisch-Extract diene nachfolgende Darstellung der Erzeugung desselben, welche den Beweis liefert, daß nur die besten Fleischstücke von frisch geschlachtetem Rindvieh auf die reinlichste Weise in der Fabrik mit Maschinen und Dampfkochung zu Extract bereitet werden.«

Da das Fleischextrakt auch mit dem Hinweis beworben wurde, daß es ein »vortreffliches Stärkungsmittel für Kranke und Genesende« sei, griff Stifter sicherlich vor allem aus diesem Grund auf das Präparat zurück. Ein Brief an Heckenast vom 29. Juli 1865 belegt dies: »Der Band (gemeint ist ›Witiko‹; Anm. K. P.) wurde fertig, und ich fiel in Nervenzustände zurük, daß ich zum Unkenntlichen abmagerte, und die Leute erschrekte. Ruhe und der Liebig'sche Fleischextrakt (für mich namenlos segensreich) brachten mich wieder so weit, nach Karlsbad gehen zu können.« Bei Stifters schwerer Krankheit konnten allerdings weder die Kuren in Karlsbad, Kirchschlag und Lacken-Konkurrenz machenhäuser noch »Liebig's Fleischextrakt« wirklich helfen.

Das folgende Rezept stammt aus Katharina Pratos Buch über »Eigenschaften, Werth und Darstellung des Fleisch-Extracts«:

Kraftsuppe mit Ei für Kranke

Für einen Teller Suppe sprudelt man einen Dotter mit etwas kalter Suppe tüchtig ab, während man bohnengroß Liebig's Fleisch-Extract mit heißer, genügend gesalzener Suppe auflöst, worauf man sie zum Ei sprudelt und gleich über ein paar Schnitten über Gluth oder im Rohre braun gerösteter (gebähter) Semmel in den Teller gießt.

»... ES GEHT ZU ENDE, UND DANN IST ALLES AUF EINMAL GUT.«

Im Kapitel über Juliana Mohaupt wurde bereits darauf hingewiesen, daß sich Stifter schon früh mit dem Thema Selbstmord auseinandersetzte und daß ihn der Tod seiner Ziehtochter in eine tiefe Krise stürzte.

Sowohl in seinem literarischen Werk als auch in seinen Briefen lehnt Stifter den Selbstmord kategorisch ab. In einem Artikel, der 1850 im »Wiener Boten« veröffentlicht wurde, bezeichnete er den Selbstmörder als einen Menschen, »der etwas unternimmt, wozu ihm die Vernunft nie die Einwilligung geben kann«, und in einem Brief an Gustav Heckenast vom 29. Juni 1865 wendete er sich aus diesem Grunde auch gegen den »schlechten Werther«. Daß Stifter panische Angst hatte, er selbst könnte sich einmal das Leben nehmen, zeigt der Brief an Heckenast vom 1. Juni 1865, in dem er nach der Schilderung seiner Krankheitssymptome – »tiefe Niedergeschlagenheit, gänzliche Muthlosigkeit, Verzweifeln am Genesen, Unruhe, daß man an keinem Plaze bleiben kann, gegenstandlose Angst, Gemüthsschwäche bis zum lauten Weinen« – bekannte: »Ich habe zu manchen Zeiten zu Gott das heißeste Gebet gethan, er möge mich nicht wahnsinnig werden lassen, oder daß ich mir in Verwirrung das Leben nehme.«

Diese verzweifelten Worte richtete Stifter zu einem Zeitpunkt an Heckenast, als seine Krankheit bereits voll ausgebrochen war. Der Pathologe Hans Bankl, der sich eingehend mit Stifters Krankheit und Tod beschäftigt hat, vertritt die Meinung, daß Stifter während der letzten Lebensjahre an einer Leberzirrhose, die wahrscheinlich bereits einige Zeit früher aufgetreten ist, und an einer endogenen Depression gelitten hat. Hans Bankl: »Das von Stifter oft erwähnte Schleimfieber und die Beschreibung seiner Verdauungsbeschwerden lassen darauf schließen, daß es sich hier um Folgeerkrankungen seines Alkoholmißbrauchs gehandelt hat. Seine Depressionen hingen sicherlich auch damit zusammen, daß er alles Triebhafte unterdrückte und gegen jede Leidenschaft ankämpfte, wodurch er schon früh in ein psychisch-erotisches Dilemma schlitterte.«

Stifters »Seelenumschattung«, wie er seinen Zustand in einem Brief an Amalia vom 19. März 1866 nannte, war die Folge massiver Panikattacken, die er immer häufiger mit Alkohol zu bekämpfen versuchte. Gerade während seiner sieben Kuraufenthalte in Kirchschlag in den Jahren 1865, 1866 und 1867 ließ sich Stifter Unmengen an Bier und Wein in sein Domizil im Gasthaus Haiböck schicken. Im Zusammenhang mit den Biertransporten gab er seiner Frau beispielsweise am 1. März 1866 die Anweisung: »Sende mir in Seitelfläschchen Bräuhausbier. Fülle mir von deinen Flaschen etwas über, daß ich bis Donnerstag genug habe, an welchem Tage du dann der Bothin neuen Vorrath mitgeben kannst.« Und drei Tage später schrieb er: »Richte mir auch Bier zurecht, daß ich jeden Tag ein Fläschchen habe, der Franz kömmt diese Woche noch hinab. Mit dem, was heroben ist, brauche ich 26 Fläschchen. Sende auch aus Vorsicht ein paar Flaschen Wein, und was du sonst willst.«

Stifters Vorbehalt gegen das Kirchschlager Bier hing wahrscheinlich damit zusammen, daß Franz Haiböck, der Sohn der Wirtin, das Bier im eigenen Keller braute, und dabei »als Braupfanne gewönlich den Waschkessel des Hauses benützte.« Das berichtet zumindest der Linzer Rechtsanwalt Emmerich Hoke, der sich des öfteren zur selben Zeit wie Stifter im Gasthaus Haiböck aufgehalten hat. Nach welchem Rezept Franz Haiböck sein Bier gebraut hat, ist nicht überliefert, aber in einem Kochbuch mit oberösterreichischen Rezepten fand ich eine Anleitung, nach der durchaus bereits Franz Haiböck sein Bier gebraut haben könnte.

Bier (6 Liter)

6 l Wasser, 250 g Gerste, 250 g Zucker, 30 g Hopfen, 30 g Germ

Die Gerste licht rösten, mit einem Hammer zerschlagen, im Wasser eine Stunde kochen und abseihen. Den Zucker und den Hopfen beigeben und nochmals eine halbe Stunden kochen. Abseihen, abkühlen lassen, die aufgelöste Germ in die lauwarme Flüssigkeit geben, gut verschließen und kühl und dunkel lagern.

Stifter schmeckte aber auch das Bier aus Lackenhäuser nicht. Als sich sein Gastgeber Franz Xaver Rosenberger im Juni 1866 gerade in Passau aufhielt, bat ihn Stifter, für ihn bei der dortigen Brauerei Flath einen halben Eimer Bier, also immerhin 23 Liter, zu bestellen. Stifters Begrün-dung: »Das hiesige Bier ist für mich völlig nicht trinkbar. (...) Sie werden einem armen Bierdurstigen diese Bitte nicht abschlagen.«

In dem Ausmaß, in dem sich Stifters gesundheitlicher Zustand verschlechterte, nahm auch seine Beziehung zu seiner Frau immer seltsamere Formen an. Sobald er von ihr getrennt war, steigerte er sich in seinen Briefen in eine »Amalia-Liebes-Phantasiewelt« hinein, die bereits in der Anrede durch variantenreiche Liebesbezeugungen ihren Ausdruck fand. So begann Stifter zwischen dem 24. Juli und dem 1. September 1866 neun aufeinanderfolgende Briefe mit acht unterschiedlichen Anreden:

»Meine innigst geliebte theuerste Gattin!«

»Meine theuerste herzlich geliebteste Gattin!«

»Meine innigst geliebte Gattin!«

»Herzinnigst geliebte Gattin!«
»Meine innigst geliebteste Gattin!«
»Geliebteste theuerste Gattin!«
»Geliebteste theuerste Gattin!«
»Innigst geliebte Gattin!«
»Geliebteste Gattin!«
Verzweifelt versuchte Stifter noch einmal, die Liebe zu seiner Frau heraufzubeschwören:
»Deine Liebe und Freundlichkeit ist die Lebenslust meiner Seele.« (16. Januar 1866)
»Ach Amalia! wie liebe ich dich so unaussprechlich.«
»Jezt beginnt erst das allertraulichste heiterste und sorgenfreieste Leben für uns.« (16. März 1866)
»Mein Herz zittert nach dir.« (29. März 1866)
»Aber ›kepple‹ nur, und ertrag dann auch, wenn ich ›brumme‹, und lasse uns noch 50 Jahre keppeln und brummen.« (14. Juni 1866)
»Du bist ja das Herz meines Herzens.« (24. Juli 1866)
»Es muß wirklich eine Strafe des Himmels für begangene mir nicht mehr erinnerliche Sünden sein, daß ich dich gar so liebe.« (3. November 1866)
Stifter redete sich in dieser Phase seines Lebens auch immer häufiger ein, daß er bald gesund werde. Im November 1867 mußte er dann allerdings zu seinem Schrecken feststellen, daß er sich ausgerechnet am 30. Hochzeitstag bei seiner Frau mit einer bösartigen Grippe angesteckt hatte. Am 24. Dezember schrieb er noch an seinen Freund Johann Aprent »Der Arzt sagt, es geht zu Ende, und dann ist Alles auf einmal gut. Bei der Frau war es auch so.« und drückte damit noch einmal die Hoffnung auf baldige Besserung aus. Aber Stifter war zu diesem Zeitpunkt bereits bis zum Skelett abgemagert und so krank, daß er das Bett nicht mehr verlassen konnte.

In der Nacht vom 25. auf den 26. Januar 1868 fügte er sich schließlich mit dem Rasiermesser eine stark blutende Wunde am Hals zu, die zu einer Ohmacht führte. Dazu der Mediziner Hans Bankl: »Wenn eine Schnittverletzung am Hals eine oder mehrere große Blutgefäße eröffnet, tritt der Tod innerhalb weniger Minuten ein. Es kann also nur eine seichte Schnittwunde gewesen sein, denn Stifter lebte noch zwei Tage. Man weiß aber, daß Patienten im Endstadium einer Leberzirrhose zum einen häufig die Orientierung verlieren und zum anderen oft aggressive Handlungen setzen. Das Ereignis der Schnittverletzung paßt in typischer Weise zu einem präkomatösen Zustand bei Leberzirrhose. Die Blutung war sicherlich massiv und schwer zu stillen, bei einer Leberzirrhose ist ja die Blutgerinnungsfähigkeit gestört. Wir können also mit an Sicherheit grenzender Wahrscheinlichkeit annehmen, daß die Schnittverletzung im Stadium des Leberversagens als eine nicht mit klarem Bewußtsein gesetzte Handlung erfolgt ist.«

Um die Blutung zu stillen, wurde die Wunde von Dr. Essenwein genäht. Bewußtlos und röchelnd lag Stifter noch zwei volle Tage, und Johann Aprent berichtet, daß Stifter am Morgen des 28. Januar noch einmal die Augen aufgeschlagen habe, die sich »mit Tränen füllten. Dann schlossen sie sich für immer.« Auf dem »Todten-Beschau-Zettel« wurde als Todesursache »Zehrfieber nach Leberverhärtung« angegeben.

Stifters Hoffnung auf ein »heiteres gelassenes Sterben«, die er in der berühmten Vorrede zu den »Bunten Steinen« zum Ausdruck gebracht hatte, hat sich an diesem 28. Januar 1868 im Haus 1313 an der Donaulände in Linz nicht erfüllt.

Die Rechnung Dr. Karl Essenweins »uiber ärztliche Behandlung, Visiten, Ordinationen, Consilien und Bemühungen während der Krankheit des Herrn Hofrathes Adalbert Stifter« im Zeitraum 27. Oktober 1865 bis 28. Januar 1868 belief sich übrigens auf 242 Gulden Ö.W. Amalia Stifter konnte diese Rechnung erst ein Jahr nach dem Tod ihres Mannes begleichen.

Adalbert Stifter, 1867

Rezeptregister

Glossar

Abszeß: Eitergeschwulst
Asche: Äsche
Auswalken: ausrollen
Blaufelchen: Reinanke
Buchteln: Hefegebäck
Deka (Dekagramm): 10 Gramm
Deziliter: $^{1}/_{10}$ Liter
Eimer (Hohlmaß): 1 Eimer = 56,60524 Liter
Erdäpfelsallat (Erdäpfelsalat): Kartoffelsalat
Faischirt (faschiert): durch die Fleischmaschine gedreht
Fl: Abkürzung für Florin = Gulden
Gattiehosen: lange Unterhosen
Georgi: 24. April
Germ: Hefe
Gollasch: Gulyas, Gulasch
Grundeln: Grünlinge
Gugelhupf (Guglhupf): Napfkuchen
Hacke: Beil
Hausenmagen: Störmagen
Kapaun: kastrierter Masthahn
Karfiol (Karviol): Blumenkohl
Karotte: Mohrrübe
Kasterol: Kasserolle
Kokotte: bratfestes Geschirr
Kr: Abkürzung für Kreuzer
Krammetsvögel: Wacholderdrosseln
Kren: Meerrettich
Kukuruz: Mais
Limonieschällerl: Zitronenschale
Magertopfen: magerer Quark
Nudelwalker: Nudelholz
Obers: süße Sahne
Porree: Lauch
Ram (Rahm): saure Sahne
Ranzig: Geruch nach altem Fett
Reindel: niederes Kochgeschirr

Rutten: Aalquappen
Salmi: Ragout aus Widgeflügel
Sauerampfensoß (Sauerampfersauce): Sauce aus säuerlich schmeckendem Wildgemüse
Schafsaitlinge: Schafdärme
Seidl (Seitel): Hohlmaß, 1Seitel=0,353782 Liter
Staubzucker: Puderzucker
Striezel (Strizl): Hefegebäck in geflochtener Form
Topfenstrudel: Quarkstrudel
Zwetschkenknödel: Pflaumenknödel

Quellen- und Literaturverzeichnis

»Da Briefe unmittelbare Lebenszeichen sind«, wie Stifter einmal schrieb, zitiere ich seine Briefe und autobiographischen Aufzeichnungen nach den Bänden 17 bis 25 der »Prag-Reichenberger-Ausgabe«, also unter Beibehaltung von Stifters orthographischen Eigenheiten, inklusive der beabsichtigten bzw. unbeabsichtigten Fehler. Auch die Briefe an Stifter werden nach diesen Bänden zitiert. Die übrigen Werke zitiere ich nach den Ausgaben, die ich für das vorliegende Buch verwendet habe.

Stifter, Adalbert: Sämtliche Werke. Hrsg. von August Sauer und anderen. Bände 17 bis 25. Prag 1901 ff., Reichenberg 1927 ff., Graz 1958 ff., Hildesheim 1979

Stifter, Adalbert: Der Kondor. Feldblumen. Das Heidedorf. Deutsche Meister-Verlag, München 1925

Stifter, Adalbert: Winterbriefe aus Kirchschlag. Druck der Buch- und Steindruckerei J. Wimmer, Linz 1932

Adalbert Stifters Leben und Werk in Briefen und Dokumenten. Insel Verlag, Frankfurt / Main 1962

Stifter, Adalbert: Zuversicht. Scherpe-Verlag, Krefeld 1963

Adalbert Stifter erzählt: Vorrede zu den »Bunten Steinen«. Leben und Haushalt dreier Wiener Studenten. Die Sonnenfinsternis am 8. Juli 1842. Ein Gang durch die Katakomben. Die drei Schmiede ihres Schicksals. Ein Erlebnis im Bayrischen Wald. Hartfrid Voss Verlag, Ebenhausen 1979 (2. Auflage)

Stifter, Adalbert: Der beschriebene Tännling. Verlag Philipp Reclam jun., Stuttgart 1981

Stifter, Adalbert: Kalkstein. Verlag Philipp Reclam jun., Stuttgart 1983

Stifter, Adalbert: Der Kondor. Das Heidedorf. Verlag Philipp Reclam jun., Stuttgart 1985

Stifter, Adalbert: Granit. Verlag Philipp Reclam jun., Stuttgart 1987

Stifter, Adalbert: Der Nachsommer. Verlag Philipp Reclam jun., Leipzig 1988

Stifter, Adalbert: Nachkommenschaften. Verlag Philipp Reclam jun., Stuttgart 1988

Stifter, Adalbert: Erzählungen: Vorrede zu den »Bunten Steinen«. Brigitta. Zwei Schwestern. Die Mappe meines Urgroßvaters. Ausgewählt und mit einem Nachwort versehen von Hermann Hesse. Insel Verlag, Frankfurt / Main 1990

Appetit-Lexikon. Herausgegeben von Robert Habs und L. Rosner. Verlag von Carl Gerolds Sohn, Wien 1894 (2. Auflage). (Der 1982 im Insel Verlag erschienene Nachdruck dieses Werks führt als Herausgeber Rudolf (!) Habs und L. Rosner an.)

Ashauer, August: Das deutsche Wurst- und Fleischerhandwerk. Verlag Ernst Reinhardt, München 1950 (2. Auflage)

Bankl, Hans: Viele Wege führten in die Ewigkeit. Schicksal und Ende ungewöhnlicher Menschen. Verlag Wilhelm Maudrich, Wien-München-Bern 1990

Brillat-Savarin, Jean Anthelme: Physiologie des Geschmacks. Insel Verlag, Leipzig 1913

Davidis, Henriette: Praktisches Kochbuch. Globus Verlag, Berlin (o. J.)

Dee, Andrea: Eine vergessene Leidenschaft. Von Tauben und Menschen. Ueberreuter Verlag, Wien 1994

Die bodenständige Küche Österreichs. Thea-Kochbuch Nr. 7. Wiener Verlag, Himberg bei Wien 1984

Duch, Karl: Handlexikon der Kochkunst. Rudolf Trauner Verlag, Linz 1985 (11. Auflage)

Eine Wiener Spezialität. Zum 125jährigen Jubiläum der Wiener Frankfurter Würstl und der Firma Lahner. Wien 1930

Feigl, Susanne und Lunzer, Christian: Das Mädchenballett des Fürsten Kaunitz. Kriminalfälle des Biedermeier. Edition S, Wien 1988

Fuchs-Hartmann Werner: Gastmahl der Völker. Hohenstaufen-Verlag, Stuttgart 1941

Großschopf, Alois: Adalbert Stifter. Leben, Werk, Landschaft. Rudolf Trauner Verlag, Linz 1968

Gugitz, Gustav: Unbekannte Dokumente zum Leben Adalbert Stifters. In: Vierteljahresschrift des Adalbert-Stifter-Institutes, Jahrgang 1 (1952), Folge 4, S. 81 - 91

Gugitz, Gustav: Das Geheimnis um Amalie. In: Vierteljahresschrift des Adalbert-Stifter-Institutes, Jahrgang 2 (1953), Folge 3 und 4, S. 94 - 101

Jungmair, Otto: Adalbert Stifters Linzer Jahre. Stiasny-Verlag, Graz - Wien 1958

Hohenstein, Lily: Adalbert Stifter. Lebensgeschichte eines Überwinders. Athenäum-Verlag, Bonn 1952

Kreczi, Hanns: Linz, Stadt an der Donau. Buchverlag der Demokratischen Druck- und Verlags-GesmbH, Linz (o.J.)

Maier-Bruck, Franz: Das Große Sacher Kochbuch. Die österreichische Küche. Seehamer Verlag, Weyarn (o. J.)

Mann, Thomas: Die Entstehung des Doktor Faustus. S. Fischer Verlag, Frankfurt / Main 1949

Niederederin, Maria Elisabetha: Das neue, große, geprüfte und bewährte Linzer Kochbuch. Verlag der k. k. privaten akademischen Kunst- Musik,- und Buchhandlung, Linz 1815 (3. Auflage)

Pfeffer, Franz: Kirchschlag. Das Bergdorf am Breitenstein. Oberösterreichischer Landesverlag, Linz 1962

Prato, Katharina: Eigenschaften, Werth und Darstellung des Fleisch-Extracts. Druck und Verlag der Buchdruckerei Gutenberg, Graz 1884

Prato, Katharina: Die Süddeutsche Küche. Verlagsbuchhandlung Styria, Graz und Wien 1895 (24. Auflage)

Reitzenbeck, Heinrich: Adalbert Stifter. Biographische Skizze. In: Libussa-Jahrbuch 12 (1853), S. 317 - 329

Roedl, Urban: Adalbert Stifter. Geschichte seines Lebens. Francke Verlag, Bern 1958 (2. Auflage)

Roedl, Urban: Adalbert Stifter in Selbstzeugnissen und Bilddokumenten. Rowohlt Taschenbuch Verlag, Reinbek bei Hamburg 1965

»Schrecklich schöne Welt«. Vierteljahresschrift des Adalbert-Stifter-Institutes des Landes Oberösterreich. Jahrgang 39 (1990), Folge 1/2.

Schwendter, Rolf: Arme essen, Reiche speisen. Promedia Verlag, Wien 1995

Stein, Erwin (Hrsg.): Die Städte Deutschösterreichs, Band 1: Linz. Deutscher Kommunal-Verlag, Berlin-Friedenau 1927

Wilhelm, Gustav: Begegnung mit Stifter. Verlag Karl Alber, München 1943

Winterstein, Alfred: Adalbert Stifter. Persönlichkeit und Werk. Eine tiefenpsychologische Studie. Phönix-Verlag, Wien 1946

Bildnachweis

Josef Michels: Adalbert Stifter. Berlin-Wien-Leipzig 1939: S. 10,
Bildarchiv und Porträtsammlung der ÖNB: S. 24, 127
Katharina Prato: Die Süddeutsche Küche. 62. Auflage. Graz und Wien 1919: S. 37, 86,
Julius Gouffé: Die feine Küche. Leipzig o. J.: Titel, S. 70, 80, 99, 102, 119
Otto Jungmair: Adalbert Stifters Linzer Wohnung. Linz 1958: S. 55
Urbain Dubois et Émile Bernard: La Cuisine Classique. Paris 1868: S. 62
Herbert Eisenreich: Das kleine Stifter-Buch. Salzburg 1967: S. 74
Alois Kammermeier: Taubenhäuser, Taubenschläge. München 1978: S. 78
»Schrecklich schöne Welt«. Vierteljahresschrift des Adalbert-Stifter-Institutes des Landes Oberösterreich. Jahrgang 39 (1990), Folge 1/2: S. 83

Dank

Ich danke den Damen und Herren des Adalbert-Stifter-Institutes des Landes Oberösterreich für wertvolle Informationen, besonders aber den Mitarbeiterinnen der Bibliothek, die sogar auf drei Meter hohe Leitern gestiegen sind, um mir entlegene Bücher zu besorgen; Herrn Prof. Dr. Hans Bankl für die anregenden Gespräche über Krankheiten und Tod Adalbert Stifters; Franz Blaas für die tatkräftige Mithilfe beim Haselhuhn-Auerhennen-Essen; Franz Hafner für die Aufklärungsarbeit in Sachen Haselhuhn und für das Besorgen diverser Vögel; Monika Jakob für Recherchen und zahllose Bibliotheksgänge.
Mein spezieller Dank aber gilt meiner Mutter Anna Palm (ehemals »Wirts-Annerl von der Spöck«) für die fachkundige Beratung bei der Erstellung der Rezepte.

Literatur &

Rainer Bischof

LITERATUR UND MUSIK

Essays zu Musik, zu Sprache und zur Komposition: »Vom Ursprung und daher vom Wesen der »Kunst«, »Vom Nutzen des Komponierens«, »Grundsätzliche Betrachtungen von Musik und Sprache«.

Sophia-Theresia Fielhauer

NEE! UNTERWEGS IM MOLOCH

Eine Berlingeschichte

Manfred Maurer

EINE IRISCHE GESCHICHTE

Ursprünglich für einen größeren Zusamenhang geplant, ist diese Erzählung das letzte fertiggestellte Werk des Autors vor seinem tragischen Tod, noch ein Beweis für sein großes erzählerisches Können.

Eine Reihe im

Löcker Verlag